管理者过度自信与
并购重组业绩承诺问题研究

Research on Managers' Overconfidence and Financial
Performance Commitment in
Mergers and Acquisitions

张 琴／著

图书在版编目（CIP）数据

管理者过度自信与并购重组业绩承诺问题研究/张琴著. —北京：经济管理出版社，2021.2
ISBN 978-7-5096-7797-1

Ⅰ.①管… Ⅱ.①张… Ⅲ.①企业兼并—研究 Ⅳ.①F271.4

中国版本图书馆 CIP 数据核字（2021）第 038470 号

组稿编辑：杨国强
责任编辑：杨国强 白 毅
责任印制：黄章平
责任校对：王淑卿

出版发行：经济管理出版社
（北京市海淀区北蜂窝 8 号中雅大厦 A 座 11 层 100038）
网　　址：www.E-mp.com.cn
电　　话：（010）51915602
印　　刷：唐山玺诚印务有限公司
经　　销：新华书店
开　　本：720mm×1000mm/16
印　　张：11.5
字　　数：201 千字
版　　次：2021 年 5 月第 1 版 2021 年 5 月第 1 次印刷
书　　号：ISBN 978-7-5096-7797-1
定　　价：98.00 元

·版权所有 翻印必究·
凡购本社图书，如有印装错误，由本社读者服务部负责调换。
联系地址：北京阜外月坛北小街 2 号
电　　话：（010）68022974　　邮编：100836

前 言

近年来，我国企业在并购交易上表现得极为活跃，并购交易金额和交易宗数都相当可观。大量的并购重组活动对原有股东尤其是中小股东的权益产生了极为重要的影响，中小股东利益因此而受到侵害的案例也并不少见。为了更好地保护中小股东的权益，中国证券监督管理委员会发布的《上市公司重大资产重组管理办法》（2008版）首次以法规的形式明确了并购重组业务中业绩承诺的具体要求，这一具有里程碑意义的法规也正式拉开了并购重组业绩承诺研究的序幕。经过梳理可以发现，现有文献对并购重组业绩承诺协议达成的市场反应和公司的绩效表现讨论居多，有关业绩承诺协议签订和完成情况影响因素的研究尚不多见。

已有大量的研究证实，处在并购重组业务决策中心的管理者的过度自信能够显著影响并购交易数量、交易价格、交易双方其他权益的分配，其与并购过程中相关契约的订立和执行效果关系甚密。管理者的过度自信特质对并购重组业绩承诺协议产生的影响也就成为了一个难以回避的问题。

因此，本书以2008年5月18日至2017年12月31日沪深两市A股上市公司重大资产重组事件为基础，对收购方管理者过度自信与并购重组业绩承诺协议的订立和完成情况的关系进行了分析和验证。本书选择从收购方视角展开研究，主要目的在于考察收购方特质对收购方的业绩承诺诉求以及后期业绩承诺协议的完成产生了何种影响。

本书在研究中还进一步考虑了作为外部治理机制的财务顾问声誉和作为内部治理机制的股权制衡对管理者过度自信与并购重组业绩承诺关系的影响，因此，本书对不同的财务顾问声誉和股权制衡度条件下管理者过度自信与并购重组业绩承诺相关指标关系的变化做了比较细致的对比分析。相关的异质性研究有助于检验公司治理环境因素的调节作用。

本书的主要研究内容如下:

第一部分,提出问题并梳理已有的研究基础。①阐述本书的选题背景及研究意义,界定研究对象,介绍研究的内容和框架、技术路线及具体方法。②介绍本书的理论基础,涉及高阶理论、有限理性理论、声誉理论及委托代理理论等。③回顾与评述相关研究文献,进一步梳理出现有研究中存在的空缺,指明本书的研究方向和目的。

第二部分,利用实证研究对相关关系进行验证。本部分借助描述性统计、相关系数分析、单变量T检验、回归分析等方法对以下几方面的关系进行了检验:①管理者过度自信与并购重组业绩承诺协议订立的关系验证。分别检验了管理者过度自信对并购重组业绩承诺协议签订、并购重组业绩承诺增长率的影响。同时,考虑业绩承诺的强制性与自愿性差异,进行分组对比分析。②管理者过度自信与并购重组业绩承诺完成情况的关系验证。分析管理者的过度自信是否影响业绩承诺的完成质量,同时按照强制性与自愿性的标准对并购重组业绩承诺进行分类并作对比分析。③财务顾问声誉及股权制衡机制调节作用的验证。观察聘请的财务顾问声誉以及上市公司股权制衡度高低不同的情况下管理者过度自信与并购重组业绩承诺相关指标关系的变化。

在本部分中,单个样本公司的管理者是否过度自信以上市公司管理层相对薪酬数据为基础进行衡量。对并购重组业绩承诺问题,本书设计了三个指标:一是重大资产重组交易是否签订了业绩承诺协议;二是并购重组业绩承诺协议中约定的承诺业绩的增长率;三是后期业绩承诺完成的百分比。另外,本书还以并购重组业绩承诺的相关法规要求为准将业绩承诺区分为强制性和自愿性两大类,并以此为基础对业绩承诺的增长率和完成率做了进一步的分组分析。对财务顾问声誉的衡量,本书采用了市场份额与专业评分相结合的办法。对股权制衡的衡量,本书则以上市公司第一大股东持股比例与其他大股东持股比例之和的比值为基础。

第三部分,结论、启示与展望。根据前述理论分析和实证检验的结果总结归纳本书的主要研究结论;阐述通过研究获得的相应启示;分析本书的创新点和研究存在的不足之处,指明未来研究的方向。

本书的主要研究结论如下:

(1) 收购方管理者的过度自信抑制了收购方的业绩承诺诉求。管理者过度自信时，收购方与目标方达成业绩承诺协议的概率显著变小、并购重组业绩承诺协议中约定的承诺业绩增长率显著降低。如果进一步考虑并购重组业绩承诺强制性与自愿性的性质差异，自愿性业绩承诺的业绩承诺增长率均值较强制性业绩承诺显著增高，并且，在自愿性业绩承诺的情况下，管理者过度自信与业绩承诺增长率的负相关关系越加显著。

业绩承诺实质上是收购方以高倍溢价的收购成本换取的，在无承诺、低成本的情况下收购方也依然可完成对目标资产的接管。同时，管理者由于过度自信，会对自身知识和能力过高估计，对并购完成后目标资产业绩的预期过分乐观，对业绩承诺带来的额外的保障效应的认可程度更低，而这将导致收购方的并购重组业绩承诺诉求显著减弱。同时，如果并购重组中的业绩承诺不属于交易双方迫于法律法规的限制和要求而达成的强制性承诺，而是属于自愿性业绩承诺时，并购交易双方博弈更为充分，管理者过度自信的心理特质对业绩承诺的影响将更加突出。

（2）收购方管理者的过度自信给并购重组业绩承诺协议的履行质量造成了负面影响。管理者过度自信时，业绩承诺的完成情况更差。倘若考虑并购重组业绩承诺强制性与自愿性的性质差异，自愿性业绩承诺的业绩承诺完成百分比均值较强制性业绩承诺显著降低；而且，在自愿性业绩承诺的情况下，管理者过度自信与业绩承诺完成百分比的负相关关系更为显著。

过度自信的管理者容易对目标资产未来的业绩表现过度乐观，高估并购重组业绩承诺的完成质量。同时，因为乐于采用冒险激进的经营管理策略，过度自信的管理者很可能增大公司的财务负担和经营风险，给并购重组业绩承诺的完成带来更大程度的不确定性。自愿性业绩承诺情况下管理者过度自信与业绩承诺完成百分比的负相关关系更为显著，可能的原因是，自愿性承诺代表了承诺方对目标资产业绩的强烈信念，这种信念传导给收购方管理者，进一步增强了管理者的乐观偏误，使其在经营管理策略上更为激进，给业绩承诺的完成造成了更多阻碍。

（3）财务顾问声誉显著影响管理者过度自信和并购重组业绩承诺协议签订、业绩承诺增长率的关系，但不能有效调节管理者过度自信与业绩承诺完成百分比的关系。上市公司聘请的财务顾问声誉越低，管理者过度自信与并购重组业绩承诺协议订立、业绩承诺增长率的负相关关系越显著。

声誉较高的财务顾问可以借助自身突出的专业优势提供更高质量的咨询顾问服务,实现更高品质的信息输出,管理者在并购过程中的视野受限问题得以改善,决策结果与管理者个人心理特征的联系减弱,在并购重组业绩承诺协议订立阶段,过度自信的管理者在业绩承诺问题上的立场发生了比较明显的转变。但是,财务顾问声誉在相关协议的执行阶段已经无法发挥出效力,财务顾问声誉高低对过度自信管理者的行为难以再产生显著的影响。

(4)股权制衡度显著影响了管理者过度自信和并购重组业绩承诺协议签订、业绩承诺增长率及业绩承诺完成百分比的关系。上市公司股权制衡度越低,管理者过度自信和并购重组业绩承诺协议签订、业绩承诺增长率及业绩承诺完成百分比的负相关关系越显著。

上市公司的股权制衡度能够体现制衡股东在参与公司治理、监督管理者决策和行为方面发挥作用的强弱。如果制衡股东加大对管理者的监管力度,过度自信管理者在经营活动中的行为和决策将面临更多的约束和限制。当过度自信的管理者的行为可能对并购重组业绩承诺的订立和执行产生不利影响时,制衡股东能够及时做出反应,从而有可能改变过度自信管理者的态度和立场。最终,在不同股权制衡程度条件下,管理者过度自信与并购重组业绩承诺协议的签订和执行的关系存在显著的差异。

本书可能的创新点有如下几个方面:首先,创新了并购重组业绩承诺的研究方式,将承诺区分为强制性与自愿性两种类型,给后续研究提供了新的方向。其次,从心理学及行为学视角分析并证实了管理者过度自信对并购重组业绩承诺协议订立与执行产生的影响,拓宽了相关话题的研究视野。最后,从中介机构和股权结构层面揭示了治理特征异质性引发的管理者过度自信与并购重组业绩承诺关系的变化,进一步丰富了相关调节机制的研究内容。

目 录

导 论 ·· 1

  第一节　研究背景 ·· 1

  第二节　研究意义 ·· 3

    一、理论意义 ·· 3

    二、现实意义 ·· 4

  第三节　研究对象界定 ·· 5

    一、业绩承诺 ·· 5

    二、过度自信 ·· 6

    三、管理者过度自信 ··· 7

  第四节　研究内容与框架 ··· 8

    一、研究内容 ·· 8

    二、研究框架 ··· 10

  第五节　研究思路与方法 ·· 11

    一、研究思路 ··· 11

    二、研究方法 ··· 14

第一章　基本理论与分析 ··· 16

  第一节　高阶理论 ··· 16

    一、基本思想 ··· 16

    二、高阶理论与管理者过度自信 ······································· 18

  第二节　有限理性理论 ··· 19

    一、基本思想 ··· 19

二、有限理性与过度自信 …………………………………………… 20

三、有限理性与财务顾问声誉 ……………………………………… 22

第三节 声誉理论 ……………………………………………………… 23

一、基本思想 ………………………………………………………… 23

二、声誉理论与财务顾问声誉 ……………………………………… 25

第四节 委托代理理论 ………………………………………………… 27

一、基本思想 ………………………………………………………… 27

二、委托代理理论与股权制衡 ……………………………………… 29

第五节 机理分析 ……………………………………………………… 30

一、管理者过度自信与业绩承诺 …………………………………… 30

二、财务顾问声誉的调节作用 ……………………………………… 32

三、股权制衡机制的调节作用 ……………………………………… 33

第二章 文献回顾与述评 ……………………………………………… 35

第一节 管理者过度自信 ……………………………………………… 35

一、管理者过度自信的经济后果研究 ……………………………… 35

二、管理者过度自信的治理机制分析 ……………………………… 38

第二节 并购重组业绩承诺 …………………………………………… 40

一、业绩承诺与并购溢价 …………………………………………… 40

二、业绩承诺与股东财富、企业绩效 ……………………………… 40

第三节 财务顾问声誉与并购 ………………………………………… 42

一、财务顾问声誉与财务顾问的聘用 ……………………………… 42

二、财务顾问声誉与并购绩效 ……………………………………… 43

第四节 股权制衡 ……………………………………………………… 45

一、股权制衡与公司绩效或价值 …………………………………… 46

二、股权制衡与公司治理效率 ……………………………………… 47

三、股权制衡效果的影响因素 ……………………………………… 48

第五节 文献述评 ……………………………………………………… 49

一、管理者过度自信研究文献的述评 ……………………………… 49

二、业绩承诺研究文献的述评 ……………………………… 51
三、财务顾问声誉研究文献的述评 …………………………… 52
四、股权制衡研究文献的述评 ………………………………… 53

第三章 管理者过度自信与业绩承诺协议的订立 …………………… 55

第一节 理论分析与假设提出 ……………………………………… 56
一、管理者过度自信与是否签订承诺协议 …………………… 57
二、管理者过度自信与业绩承诺增长率 ……………………… 58

第二节 研究设计 …………………………………………………… 59
一、研究样本与数据来源 ……………………………………… 59
二、变量定义与模型设定 ……………………………………… 60

第三节 实证结果及分析 …………………………………………… 63
一、描述性统计与相关性分析 ………………………………… 63
二、回归分析 …………………………………………………… 64
三、不同类型业绩承诺的对比分析 …………………………… 69

第四节 稳健性检验 ………………………………………………… 72

本章小结 …………………………………………………………… 75

第四章 管理者过度自信与业绩承诺的完成 ………………………… 77

第一节 理论分析与假设提出 ……………………………………… 78

第二节 研究设计 …………………………………………………… 79
一、研究样本与数据来源 ……………………………………… 79
二、变量定义与模型设定 ……………………………………… 80

第三节 实证结果与分析 …………………………………………… 82
一、描述性统计与相关性分析 ………………………………… 82
二、回归分析 …………………………………………………… 84
三、不同业绩承诺种类的对比分析 …………………………… 85

第四节 稳健性检验 ………………………………………………… 88
一、使用滞后一期数据 ………………………………………… 88
二、改变管理者过度自信的定义办法 ………………………… 89

本章小结 ……………………………………………………………… 91

第五章 管理者过度自信、财务顾问声誉与业绩承诺 ……………… 92

第一节 理论分析与假设提出 ………………………………………… 93
一、管理者过度自信、财务顾问声誉与是否承诺及承诺增长率 …… 93
二、管理者过度自信、财务顾问声誉与业绩承诺完成百分比 ……… 95

第二节 研究设计 ……………………………………………………… 96
一、研究样本与数据来源 ……………………………………………… 96
二、变量定义与模型设定 ……………………………………………… 97

第三节 实证结果及分析 ……………………………………………… 100
一、相关性分析 ………………………………………………………… 100
二、回归分析 …………………………………………………………… 103

第四节 稳健性检验 …………………………………………………… 108
一、改变管理者过度自信的定义办法 ………………………………… 108
二、改变财务顾问声誉的定义办法 …………………………………… 112
三、改变样本容量 ……………………………………………………… 116

本章小结 ……………………………………………………………… 119

第六章 管理者过度自信、股权制衡与业绩承诺 …………………… 121

第一节 理论分析与假设提出 ………………………………………… 122
一、管理者过度自信、股权制衡与是否承诺及承诺增长率 ………… 122
二、管理者过度自信、股权制衡与业绩承诺完成百分比 …………… 123

第二节 研究设计 ……………………………………………………… 125
一、研究样本与数据来源 ……………………………………………… 125
二、变量定义与模型设定 ……………………………………………… 125

第三节 实证结果及分析 ……………………………………………… 127
一、相关性分析 ………………………………………………………… 127
二、回归分析 …………………………………………………………… 130

第四节 稳健性检验 …………………………………………………… 134
一、改变管理者过度自信的定义办法 ………………………………… 134

二、改变股权制衡度的定义办法 ·· 138
　　三、改变样本容量 ·· 142
　本章小结 ·· 146

结语 ·· 148
　第一节　研究结论 ·· 148
　第二节　研究启示 ·· 150
　　一、收购方管理者过度自信问题的研究启示 ······························ 150
　　二、财务顾问声誉问题的研究启示 ·· 153
　　三、股权制衡问题的研究启示 ·· 154
　第三节　研究创新、局限与展望 ·· 156
　　一、研究可能的创新点 ·· 156
　　二、研究的局限 ·· 157
　　三、未来展望 ··· 158

参考文献 ·· 159

导　论

第一节　研究背景

近年来，我国企业的并购交易活动相当频繁。普华永道发布的并购报告数据显示，2015～2018 年并购交易金额分别为 6831 亿美元、7598 亿美元、6766 亿美元和 6783 亿美元，对应交易数量分别为 9419 宗、11407 宗、9839 宗和 10887 宗，与 2017 年相比，2018 年的并购交易数量上涨了 11%。

并购重组带来的股票价格、股权分布、治理结构的变化对原有股东尤其是中小股东的权益产生了重要的影响，而这其中，侵害中小股东利益的话题一直保持着相当的热度（李增泉等，2005；陈耿等，2012；王甄、胡军，2016）。

为更好地保护中小股东的权益，《上市公司重大资产重组管理办法》（2008 版，以下简称《管理办法》）首次以法规的形式明确要求"资产评估机构采取收益现值法、假设开发法等基于未来收益预期的估值方法对拟购买资产进行评估并作为定价参考依据的"，交易双方应"就相关资产实际盈利数不足利润预测数的情况签订明确可行的补偿协议"。2014 年修订后的《管理办法》进一步提出，"上市公司向控股股东、实际控制人或者其控制的关联人之外的特定对象购买资产且未导致控制权发生变更"的情况，交易双方可以根据市场化原则，自主协商是否做出业绩补偿承诺。

部分学者从并购交易特征层面（张翼，2017；潘妙丽、张玮婷，2017）、补偿方案设计层面（赵立新、姚又文，2014；方重、程杨、肖媛，2016；饶艳超等，2018）以及会计处理层面（余芳沁、薛祖云，2015；谢纪刚、张秋生，2016）对并购业绩承诺问题进行了探讨。还有部分学者关注了业绩承诺对并购业务中并购方、目标方股东收益及公司经营业绩的影响（吕长江、韩慧博，2014；潘爱玲等，2017；饶茜、侯席培，2017；杨志强、曹鑫雨，2017；沈华玉、林永坚，2018；荣麟、朱启贵，2018）。但哪些因素促成了业绩承诺协议的最终达成尚不得而知。

并购重组协议的签署是交易双方反复博弈的结果，而处于并购决策中心的管理者是并购谈判及契约订立的重要参与人，其心理特质是影响博弈结果的一个重要因素。相当部分文献在分析并购问题时使用了理性经济人假设作为理论基础。但现实情况却表明，财务、金融活动中的参与人很难保持完全的理性，有限理性的解释反而越来越有说服力。大量的研究发现，收购方管理者的过度自信显著影响了并购交易数量、交易价格及交易双方其他权益的分配（Heaton，2002；Gervais 等，2011；Ben-David 等，2013；Malmendier 和 Tate，2005，2008，2015）。因此，不能无视管理者的过度自信特质对业绩承诺协议产生的具体影响。

同时，《管理办法》要求受收购方委托的财务顾问：依法依规向证监会报送重大资产重组的各项材料；就相关事项的合规性、风险进行核查，出具明确的意见；对重大资产重组完成情况发表明确的结论性意见，并对后续的资产交付、承诺履行、业务发展、公司治理等多个方面进行持续督导。上市公司聘请的财务顾问对并购各阶段性成果负有知情、咨询、核查和督导的责任，这极有可能对并购交易产生重要影响。

声誉是财务顾问执业能力强弱和执业质量高低的一个重要标签。高声誉财务顾问在目标资产价格谈判（Graham 等，2017）、交易进程压缩及并购交易成功实施（Hunter 和 Jagtiani，2004）等方面表现出的突出优势能够为并购方争取到更好的交易结果（Song 等，2013）。高声誉财务顾问的工作是否具备更多的信息含量，从而在过度自信的管理者做出有关业绩承诺的决策时产生不同于普通财务顾问的调节作用？当前有关财务顾问声誉的研究暂时还难以提供这个问题的答案。

股权制衡作为一项重要的内部治理机制对公司经营策略选择及契约执行效果的影响不容忽视，但现有研究在股权制衡度与公司治理效率的关系问题上仍然存有争议（Bennedsen 和 Wolfenzon，2000；Maury 和 Pajuste，2005；刘新民等，

2016;焦健等,2017)。股权制衡度高低不同的情况下,管理者过度自信与业绩承诺相关指标的关系到底会产生怎样的变化尚待进一步讨论。

第二节 研究意义

管理者过度自信对并购活动结果产生的广泛影响使本书意欲考察管理者过度自信与业绩承诺协议的订立和执行的关系;财务顾问的工作范围和声誉高低背后的执业质量差异使本书拟对财务顾问声誉在管理者过度自信与业绩承诺的关系中发挥的调节作用进行检验;股权制衡机制治理效应存在的争议促使本书就不同股权制衡度下管理者过度自信与业绩承诺的关系变化做了对比分析。

一、理论意义

(一)拓展了并购重组业绩承诺的研究视角

借助对管理者过度自信与业绩承诺关系的追踪、对财务顾问声誉和股权制衡调节作用的验证,本书尝试对业绩承诺协议订立和实施效果的影响因素进行研究。并且,本书对业绩承诺进行了强制性与自愿性的类别区分,对比分析了两类业绩承诺在承诺增长率、完成百分比上存在的显著差异。这为今后业绩承诺的研究提供了新的方向。

(二)延伸管理者过度自信的研究领域

管理者过度自信的研究目前较少关注到这一心理特质对具体契约订立、执行的影响,借助于对过度自信的治理来优化契约的订立、确保契约的有效执行也是文献研究的空白领域。本书选择将并购业绩承诺协议与管理者过度自信两个问题联合起来研究,并引入财务顾问声誉、股权制衡度两大治理机制,观察财务顾问声誉及股权制衡度引起的过度自信管理者对待业绩承诺的态度变化,验证治理机制的效果,填补了现有研究的空缺。

(三)丰富财务顾问声誉的研究证据

财务顾问声誉的高低能否真正影响到委托人财富和公司价值、能否为并购交易的价值创造提供更多助益等,这些问题在既有的研究中仍存在争议。本书可以为财务顾问声誉的治理效应提供新的证据。

(四) 补充股权制衡治理效应的相关文献

现有文献针对股权制衡机制与公司治理效率关系的讨论没有获得一致结论,本书对不同股权制衡度背景下管理者过度自信与承诺协议签订、承诺增长率及承诺完成百分比关系的分析和检验进一步补充了股权制衡机制治理效用研究的相关文献。

(五) 加快西方并购理论的本土化进程

西方并购理论建构在一定的经济、法律、文化制度背景假设之上。并购重组业绩承诺是我国股权分置改革后出现的特有经济现象。国外文献鲜有关注这一特殊问题。本书依托上市公司重大资产重组的并购交易背景,将业绩承诺纳入研究范畴,在我国特殊经济环境下对并购理论进行重新解读,有助于加快西方并购理论与我国特有制度背景的融合速度。

二、现实意义

(一) 助力并购交易业绩承诺协议的订立与执行

作为企业资源整合的重要途径,并购重组在未来经济发展过程中仍将持续扮演举足轻重的角色。业绩承诺也将继续发挥其缓解信息不对称程度、降低并购交易风险的作用。本书研究有益于并购交易双方重视管理者过度自信的心理特质、中介机构特征以及公司股权结构特征可能产生的影响,综合考量业绩承诺协议的设计与完成质量。

(二) 引导投资者正确决策,提升资本配置效率

投资者应理性看待并购重组业务中的业绩承诺问题。从追逐投资价值的角度看,本书研究有助于投资者正视业绩承诺的具体内容及其完成情况等信息。研究结论还有助于投资者对并购交易产生的公司价值的增加或减损进行预判,适时做出进入或退出市场的决策。借此,市场上资本的配置效率也将得到提升。

(三) 为监管层优化制度设计提供参考

本书考虑了业绩承诺所属的复杂的并购交易背景,关注了重要参与方的特质(管理者心理特质、财务顾问声誉特质、股东股权结构特质),力图使研究的结

论更加契合真实的制度环境。研究可对监管层全方位、多角度考察业绩承诺制度的优劣提供理论支撑和经验佐证，进而为业绩承诺制度的进一步优化提供参考和建议。

第三节 研究对象界定

一、业绩承诺

业绩承诺始于我国上市公司股权分置改革时期，指的是实施股改的上市公司承诺自己的经营业绩在特定会计期间必须达到某一标准，如承诺的目标业绩未能足额完成，则公司控股股东（非流通股股东）必须向流通股股东追送约定额度的股份或现金。《深圳证券交易所股权分置改革承诺事项管理指引》对涉及股改与资产重组重合情况下的业绩承诺问题进行了明确规范，要求"承诺人……以实现上市公司盈利能力或者财务状况改善作为对价安排的"，应当"对上市公司或置入资产未来三年的经营目标做出明确的承诺并予以披露"，同时，承诺人需对无法达到预期经营目标时如何对流通股股东进行补偿做出具体的安排。

2008年5月18日，中国证券监督管理委员会发布的第53号令《上市公司重大资产重组管理办法》沿袭了这一做法，将业绩承诺制度正式引入了上市公司重大资产重组活动当中。

并购重组中的业绩承诺意指目标资产的售出方针对目标资产未来的业绩水平做出承诺，如果目标资产在承诺的特定期间未能达到相应的业绩额，承诺方需要按照协议约定的形式向资产收购方补齐实际业绩与承诺业绩的差额部分。常见的补偿形式包括现金补偿、股份补偿或者股份加现金的混合补偿。并购交易双方约定的业绩承诺期多确定为并购完成后的三个会计年度，也存在将此期间延长为并购完成后的4~7个会计年度的情况。

基于《上市公司重大资产重组管理办法》的相关规定，本书依业绩承诺是否属于该《管理办法》强制要求的标准，将现有的并购重组业绩承诺分成了两大类：强制性业绩承诺与自愿性业绩承诺。业绩承诺如属于该《管理办法》中要求必须签订承诺协议的情况，则为强制性业绩承诺，否则属于自愿性业绩承诺。2008年版的《管理办法》的要求，在以收益法、假设开发法等基于未来收益预期的资产评估方法所得的评估价作为目标资产定价基础的情况下，目标方与收购方必须就目标资产签订专门的业绩承诺协议。而2014年修订后的《管理办法》进一步提出，"上市公司向控股股东、实际控制人或者其控制的关联人之外的特定对象购买资产且未导致控制权发生变更的"，可自主决定是否签订业绩承诺协议。以上述法规为依据，强制性业绩承诺包括：①2008年5月18日至2014年11月22日并购定价以收益法、假设开发法等基于未来收益预期的资产评估方法所得的评估价为基础的交易中做出的业绩承诺。②2014年11月23日后，并购定价以收益法、假设开发法等基于未来收益预期的资产评估方法所得的评估价为基础，且控制权转移的交易或者控制权未转移但资产出售方为上市公司控股股东、实际控制人或者其控制的关联人的交易中做出的业绩承诺。除强制性业绩承诺外，并购重组交易中其他的业绩承诺均属于自愿性业绩承诺。

二、过度自信

在评价个人能力及表现时，每个人都有可能认为自己是更好的、更正确的（Dunning等，1989）。这种对自己不切实际的好评和高估（Alicke等，1995），就是过度自信。过度自信的提法最早出现在心理学的相关研究中，并被称为心理学最稳健的发现（De Bondt和Thaler，1995）。

个人的过度自信主要表现为三种形式——过高估计（Shepperd等，1996）、过高定位（即优于平均）（Larrick等，2007）和过分精准（Yaniv和Foster，1997；McKenzie等，2008），心理学家们乐于从以下三个方面定义过度自信：①高估自身能力（Buehler等，1994）；②高估相对能力（Alicke等，1995）；③高估自身拥有信息的准确性（Lichtenstein等，1982）。Moore和Healy（2008）特别指出，三种形式的过度自信存在实质性的差别，不能混为一谈。

Buehler等（2005）将过度自信定义为高估自身的实际能力和表现。这种定义方式强调过度自信是自我评价与个人实际能力比较后产生的结果。Moore和Healy（2008）认为，学生对自己考试分数的高估就属于这一类型的过度自信。

Alicke 等（1995）认为，过度自信指的是人们对自己的评价优于对他人的评价，倾向于更乐观地看待自己的行为、观点、特征和前景。此种定义方式下的过度自信强调了主体自身与他人的比较。Langer（1975）、Weinstein（1980）、Dunning 等（1989）、Burson 等（2006）也采用了相同的方式来定义过度自信。

Lichtenstein 等（1982）表示，过度自信是指高估未来不确定性事件的发生概率、过分相信自己的知识和判断。Meikle 等（2016）也认定，过度自信是对自己或自己拥有的知识的一种信念，如果采用一个客观现实基准来对此进行评判，这种信念则过于极端或精确。此时，过度自信强调的是个体预测与实际情况的比较。Yates 等（1998）、Klayman 等（1999）以及 Barber 和 Odean（2001）对过度自信的定义与此类似。

三、管理者过度自信

管理人员在企业的经营活动中扮演了组织者和领导者的角色。企业较多事项的决策权直接掌握在管理者手中，各项日常活动常常以这些决策为中心展开，这极易给管理者造成"控制幻觉"（Langer，1975；March 和 Shapira，1987），使管理人员过高估计自己对事件结果的控制能力，从而表现出过度自信。心理学家们早就发现，企业经理们的过度自信特征表现得尤为突出（Larwood 和 Whittaker，1977；Svenson，1981；Alicke 等，1995；Meikle 等，2016）。

管理者过度自信的定义基本借鉴了心理学研究中的定义方式。除了涉及原心理学研究中提及的过高估计、过高定位和过分精准三个核心要素外，一个突出的特点是，金融和财务研究中对管理者过度自信的认定与企业具体的金融、财务活动存在无法割裂的联系。

过度投资和频繁并购是定义管理者过度自信的重要标签。Roll（1986）的"狂妄自大"假说指出，过度自信的管理者过高估计了自身占有信息的准确性，更容易主动发起并购，并在交易中发生过度支付。Doukas 和 Petmezas（2007）也曾表示，过度自信的管理者会频繁地实施并购。Bemardo 和 Weleh（2001）认为，因为过度自信的管理者在判断自身占有信息的可靠性时过于乐观，而对其他信息赋权过低甚至直接忽略，这些做法将导致决策的偏误。Gervais 等（2011）进一步指出，对自身拥有信息准确性的过分乐观强化了过度自信管理者的控制幻觉，最终导致他们对自己为企业创造价值、降低风险的能力估计过高，推高了企业的投资水平。

盈利预测的不合理上偏是定义管理者是否过度自信的又一重要标准。Heaton（2002）认为，过度自信的管理者常常高估了企业投资项目成功的概率，过高估计收益而过低预期风险。Hackbarth（2008）、Goel 和 Thakor（2008）也表示，过度自信的管理者对项目的盈利预测过于乐观。相当一部分学者在定义管理者过度自信与否时均采用了同样的做法（Lin 等，2005；Landier 和 Thesmar，2009；Otto，2014；Hribar 和 Yang，2016）。

过度自信的管理者会对盈利预测和企业前景的过分乐观使较多学者进一步发展了新的定义方法，以股票期权的推迟行权来表示管理者的过度自信。Malmendier 和 Tate（2005）、Campbell 等（2011）、Hirshleifer 等（2012）以及 Banerjee 等（2015a，2015b）均使用过这类定义方式。

基于心理学将个体认为自身能力和表现优于平均的心理偏差认定为过度自信的研究基础，财务和金融研究还对管理者过度自信的定义进行了适度的延伸，以外界对管理者的认可（更正面的评价、更高的报酬）作为定义其是否过度自信的参考标准。如 Brown 和 Sarma（2007）、Malmendier 和 Tate（2008）采用主流媒体对管理者的乐观评价来定义管理者的过度自信。Finkelstein（1992）、Hambrick 等（1993）以及 Hayward 和 Hambrick（1997）采用相对薪酬水平来定义管理者是否过度自信。

第四节　研究内容与框架

一、研究内容

本书的核心内容将由四个部分构成：第一部分，考察管理者过度自信与业绩承诺协议订立的关系。第二部分，分析管理者过度自信对业绩承诺完成质量的影响。第三部分，进一步探究因财务顾问声誉差异引发的管理者过度自信与业绩承诺关系的变化，对财务顾问声誉的调节作用进行检验，厘清管理者过度自信、财务顾问声誉和业绩承诺三者之间的关系。第四部分，进一步探究不同的股权制衡度背景下管理者过度自信与业绩承诺关系的变化，对股权制衡机制的作用进行检验。

（1）管理者过度自信与业绩承诺协议的订立。过度自信的管理者容易过高估计自己的学识、能力和所做判断的准确性，从而在确定了收购的目标资产后，极易在目标资产盈利水平的预测环节发生乐观性的偏差，过高估计目标资产未来的盈利能力，即使在相对不利的交易条件下，达成交易的意愿仍然是比较强烈的。这一部分分析了过度自信的管理者对待业绩承诺的态度。因为业绩承诺的提供并非是免费的，目标方提供业绩承诺往往意味着目标资产交易价格的提高。过度自信的管理者过分相信自己判断的准确性，并对自己在接管目标资产之后的管理和运营技能也有坚定的信心，从而并不乐意接受需要付费的业绩承诺。因此，这一部分提出假设：越是过度自信的管理者签订业绩承诺协议的可能性越低、业绩承诺的增长率也越低。

第一部分的研究还将进一步关注不同的业绩承诺类型下，管理者过度自信与业绩承诺增长率的关系。依据强制性和自愿性的标准对业绩承诺进行分类之后，观察不同的业绩承诺类型下管理者过度自信和业绩承诺增长率关系存在的差异。

（2）管理者过度自信与业绩承诺的完成。过度自信的管理者在并购时容易发生过度支付，增加后期企业资源整合的财务负担。而面对被接管的目标资产，过度自信的管理者又容易产生控制幻觉，乐观估计自己的管理能力和资源整合效果，为业绩承诺的完成埋下隐患。

本部分着眼于业绩承诺的执行期间，观察管理者过度自信是否会影响到业绩承诺完成百分比的高低。同时，仍然按照强制性业绩承诺与自愿性业绩承诺的标准进行样本分组后作对比分析。

（3）进一步分析财务顾问声誉的调节作用。《管理办法》对财务顾问的职责有明确的规定。财务顾问的声誉代表了财务顾问执业能力和执业质量。由于并购交易的复杂性，并购方在并购交易过程中面临诸多的不确定性。聘请财务顾问能够在一定程度上提高并购交易过程中的信息透明度，财务顾问借助自身的专业技能可以为收购方提供咨询和帮助。高声誉财务顾问的咨询服务能不能对过度自信管理者的行为产生显著的影响，阻止其在目标资产盈利预测问题上表现得过分乐观、对并购后的绩效水平过高估计，从而阻止其在业绩承诺问题上过于冒进的做法，是值得考量和验证的。

在业绩承诺的执行阶段，财务顾问已经完成了咨询服务的工作，余下的主要职责是持续督导。持续督导到底能释放出多大的能量，能否影响到过度自信管理者的行为也值得进一步讨论。

（4）进一步分析股权制衡机制的调节作用。股权制衡度体现了上市公司股权结构的特征，对公司的治理效率产生了重要的影响。股权制衡度高低不同的情况下，制衡股东对管理者决策和行为的监督意愿和能力的强弱存在显著的差异，过度自信的管理者在业绩承诺问题上的立场是否也会有明显的区别？对管理者过度自信与承诺协议签订、承诺增长率及承诺完成百分比的关系走向进行对比分析可以为这一问题找到答案。

二、研究框架

本书的研究框架如下：导论；第一章，基本理论与分析；第二章，文献回顾与述评；第三章，管理者过度自信与业绩承诺协议的订立；第四章，管理者过度自信与业绩承诺的完成；第五章，管理者过度自信、财务顾问声誉与业绩承诺；第六章，管理者过度自信、股权制衡与业绩承诺；结语。

导论。首先阐述研究的选题背景及研究意义，其次对书中的研究对象进行概念界定，再次介绍研究的内容和框架，最后对完成本书研究的技术路线和涉及的具体方法进行说明。

第一章，基本理论与分析。介绍本书的理论基础：高阶理论、有限理性理论、声誉理论及委托代理理论。借助相关理论分析管理者过度自信、业绩承诺、财务顾问声誉及股权制衡之间的逻辑关系，为后续的实证分析打下基础。

第二章，文献回顾与述评。分别从管理者过度自信、业绩承诺、财务顾问声誉和股权制衡四个维度，对既往有关文献进行回顾，进一步梳理出管理者过度自信、业绩承诺、财务顾问声誉和股权制衡研究中存在的空缺，最终引出本书的研究议题。

第三章，管理者过度自信与业绩承诺协议的订立。运用Probit多元回归模型和OLS多元回归分别检验管理者过度自信对业绩承诺承诺协议签订、业绩承诺增长率的影响。同时，考虑业绩承诺强制性与自愿性的区别，对比分析过度自信的管理者对待业绩承诺协议的态度是否存在显著的差异。

第四章，管理者过度自信与业绩承诺的完成。分析管理者的过度自信是否会影响到业绩承诺的完成质量。进一步地，进行强制性业绩承诺与自愿性业绩承诺的类别划分，对比分析两组样本在管理者过度自信与业绩承诺完成百分比关系上存在的差异。

第五章，管理者过度自信、财务顾问声誉与业绩承诺。验证财务顾问声誉能否调节管理者过度自信与业绩承诺的关系。具体包括财务顾问声誉是否影响：①管理者过度自信和业绩承诺协议签订的关系；②管理者过度自信与业绩承诺增长率的关系；③管理者过度自信与业绩承诺完成百分比的关系。

第六章，管理者过度自信、股权制衡与业绩承诺。验证上市公司股权制衡度能否调节管理者过度自信与业绩承诺的关系。具体包括股权制衡度高低是否影响：①管理者过度自信和业绩承诺协议签订的关系；②管理者过度自信与业绩承诺增长率的关系；③管理者过度自信与业绩承诺完成百分比的关系。

结语。首先，根据理论分析和实证检验的结果总结归纳本书的主要研究结论；其次，阐述通过研究获得的相应启示；最后，分析本书的创新点和研究存在的不足之处，并在此基础之上指出未来研究的方向。

第五节 研究思路与方法

一、研究思路

（1）阐述研究背景，引出研究话题，阐明研究的意义，界定研究的对象。

并购交易极度活跃，而并购风险居高不下，大股东侵占中小股东利益、投资者财富遭受侵蚀的案例频发，监管层和并购交易参与方警惕性提高，防范意识也在逐步增强。业绩承诺作为一项避险措施逐渐为并购双方主动接受。

为何有的交易签订了业绩承诺协议，而有的交易则没有做出业绩承诺的约定？

有的业绩承诺增长率较高,有的则较低;各项业绩承诺的完成程度也是高低不一,其原因又有哪些?处于并购交易中心和权力决策中心的管理者是首先应该被关注的因素。由于管理者身份地位的特殊性,其过度自信特征表现得更为突出,且已有大量研究证实管理者的过度自信影响了并购交易的各个方面。验证管理者过度自信是否影响了业绩承诺协议的订立和执行具备重要的理论和现实意义。

同时,并购交易中的财务顾问身份特殊,《管理办法》对财务顾问的工作范围和职责的界定使得财务顾问与管理者决策的联系无法割裂。高品质的财务顾问是否在引导管理者决策,改善其过度自信产生的行为偏差方面表现得更为出色?由于声誉高低这一指标可以很好地衡量财务顾问执业能力和执业质量,因此,对财务顾问声誉能否调节管理者过度自信与业绩承诺的关系进行观察,有利于为治理管理者过度自信产生的冒进和偏激的相关政策建议找到理论和证据的支持。

股权制衡度高低体现了公司股权结构特征,是一项影响公司的治理效率重要机制。现有关于股权制衡与公司治理效率的研究并未获得一致结论。股权制衡度的高低差异是否会显著影响管理者过度自信与业绩承诺的关系?对上述关系进行验证一方面利于早日拨开股权制衡机制与治理效率关系的迷雾,另一方面也有助于清晰认识微观环境差异条件下管理者过度自信与业绩承诺关系的真实走向。

(2)阐述本文的理论基础,初步梳理几者的关系,做好理论建构。

高阶理论、有限理性理论、声誉理论和委托代理理论是本文的理论基础。依据高阶理论的观点,管理者的心理特征会影响决策,进而影响其对待业绩承诺的态度。有限理性与完全理性相对。完全理性并不现实,管理者仅仅只能保持有限理性,从而,利用传统理论解释管理者的行为是不稳健的。有限理性理论强调环境的复杂、资源的限制、知识结构的缺憾加上人脑基本生物机能的限制使得管理者在决策过重中面临较多的不确定性,这将加深心理因素对管理者决策结果的影响。而过度自信是一种极具代表性的心理特征,在管理者中表现得尤为突出。声誉理论强调好的企业有动力且有能力建立和维护自己的声誉,提供质量更高的产品和服务。高声誉财务顾问的专业能力和执业质量更高,可以有效降低决策人因为环境复杂、资源限制、知识结构限制以及人脑生物机能的限制导致的认知受限的程度,减弱心理特征对决策的影响。那么,高声誉财务顾问的介入可以减弱管理者过度自信对管理者个人决策直至公司决策的影响,改变其对待业绩承诺的态度,最终影响到业绩承诺协议的订立和执行效果。委托代理理论强调借助契约设计和制度安排来实现对代理人行为的激励,股权制衡就是其中一种重要的制度安排。股权制衡度高低可以表征制衡股东对管理者决策和行为的监管意愿和能力。高低不同的股权制衡度下制衡股东监督管理者的强度差异可能导致管理者的决策和行为差异,并在管理者过度自信与业绩承诺关系问题上得到体现。过激行为实施的限制越多,管理者过度自信对业绩承诺的负向影响的程度越小。

(3) 以沪深两市 A 股重大资产重组事件为样本,借助回归分析验证管理者过度自信与业绩承诺的关系,并进一步分析财务顾问声誉、上市公司股权制衡度对二者关系的调节作用。

首先,完成管理者过度自信与业绩承诺协议订立的关系分析。管理者过度自信的心理偏差会引发其决策和行为的偏差,在预测目标资产未来盈利水平、评估自身运营管理能力方面的过分乐观导致其更加激进,降低其高价购买业绩承诺的需求。从而,过度自信管理者所在的收购方签订业绩承诺协议的可能性越小。

其次,调整研究的着眼点,观察管理者过度自信与业绩承诺完成百分比的关系。不应仅仅关注签订业绩承诺协议的问题,还应特别重视业绩承诺的完成问题,只有高质量地完成承诺才能保证业绩承诺制度设计实现其初衷。业绩承诺不能足额完成的案例日益增多,相关质疑喧嚣尘上。管理者过度自信是否会影响到业绩承诺的完成质量亟待实证数据的检验。

最后,在分析过度自信的管理者对待业绩承诺的态度后,加入财务顾问声誉变量和股权制衡变量,进一步研究财务顾问声誉高低、上市公司股权制衡度高低能否影响到管理者过度自信与业绩承诺的关系。高声誉的财务顾问执业质量更高,突出的专业优势在过度自信的管理者面前的说服力或许是更强的、信息输出的质量可能是更高的,其咨询服务的可信度可能改变过度自信管理者的冒险与激进,从而使其对待业绩承诺态度发生转变,最终影响到业绩承诺协议的签订和业绩承诺的完成。上市公司股权制衡度高,制衡股东具备更强的监督管理者决策和行为的意愿和实力,一旦过度自信管理者的行为可能对业绩承诺协议的签订及执行产生负面影响,制衡股东能够对其做出更多的约束和限制。

(4) 得出本书的研究结论,阐明启示,分析创新、局限并做出展望。

并购交易发生时,过度自信影响了管理者对待业绩承诺的态度,高声誉的财务顾问能够调节二者的关系，改善过度自信管理者激进冒险的行事方式。在业绩承诺协议的执行期间，财务顾问声誉对管理者过度自信与业绩承诺完成百分比关系调节作用不显著。也就是说，必须高度重视过度自信管理者行为的负面效应，在并购交易发生时充分发挥财务顾问声誉的调节作用；而在业绩承诺协议的执行期，要注意财务顾问声誉治理效率的损失，设计更好的治理机制制约过度自信管理者的行为，保障业绩承诺的完成质量。而无论是在业绩承诺协议的签订还是执行阶段，较高的股权制衡度均削弱了管理者过度自信对业绩承诺相关变量造成的负面影响。上市公司股权制衡度较低的情况下，管理者过度自信与业绩承诺协议的订立、业绩承诺增长率及业绩承诺完成百分比之间均呈现出更显著的负相关关系。必须认清上市公司股权制衡的特点，分情况分析其对业绩承诺协议签订与执行质量的影响。

二、研究方法

本书所采用的研究方法主要有：文献分析法、档案分析法、归纳法和演绎法。

（1）文献分析法：通过对现有相关文献的搜集和整理，回顾并购重组业绩承诺、管理者过度自信、财务顾问声誉及股权制衡问题的相关研究成果，归纳出既有文献取得的进展和存在的局限，明确研究基础的同时也找到后续研究的突破口。进一步以高阶理论、有限理性理论、声誉理论和委托代理理论为基础，分析管理者过度自信、业绩承诺、财务顾问声誉与股权制衡之间的逻辑关系，完成本书的理论建构。

（2）档案分析法：借助CSMAR、Wind数据库和手工搜集的数据资料，对我国沪深两市A股上市公司并购重组业绩承诺协议的订立、完成与收购方管理者过度自信与否的数据、财务顾问声誉的数据及收购方股权制衡的数据进行回归分析，实证检验几者之间的关系。档案分析法的具体实现办法包括描述性统计、相关性分析、回归分析等。借助描述性统计分析业绩承诺、管理者过度自信、财务顾问声誉和上市公司股权制衡度的总体情况，大概了解研究对象的分布结构。进行相关性分析，判断管理者过度自信、业绩承诺、财务顾问声誉及股权制衡度之间的线性关系，初步验证所提的研究假设。借用Probit回归和OLS回归分析管理者过度自信对业绩承诺协议订立和完成情况的影响；依财务顾问声誉的高低、股权制衡度高低对样本进行分组回归，观察财务顾问声誉、股权制衡程度对管理者过度自信与业绩承诺关系的调节作用。

（3）采用归纳法总结前期实证分析的结果、得出研究结论，演绎法提出相应的政策建议。

技术路线如图 0-1 所示。

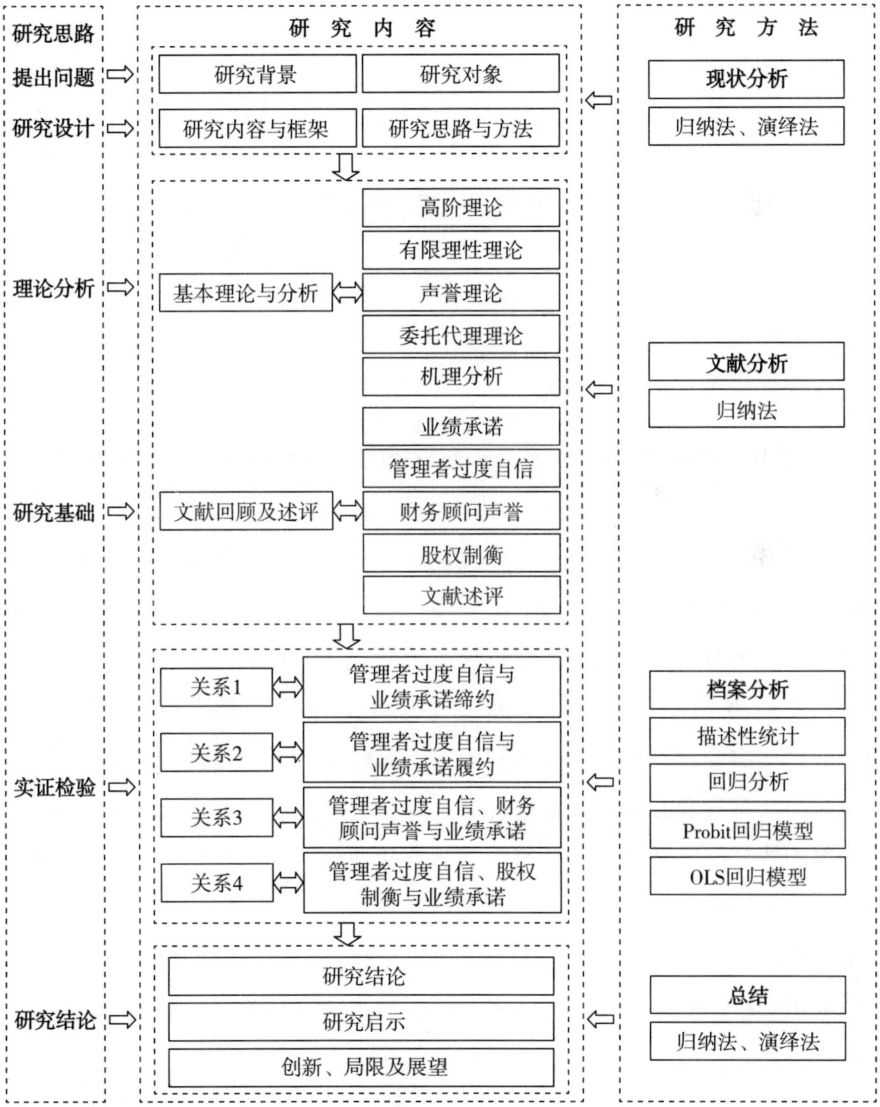

图 0-1 技术路线

第一章 基本理论与分析

第一节 高阶理论

一、基本思想

1984年Hambrick和Mason发表的论文 *Upper Echelons: The Organization as a Reflection of Its Top Managers* 使高阶理论开始为更多的人所熟知和认可。高阶理论认为,组织是其高层管理者特征的综合反映,组织的决策和行为由其高层管理者的决策和行为来实现,高层管理者的心理及人口统计学的特点将影响他们对所处环境的认知,进而影响组织的战略选择,并最终影响到组织的绩效和产出。

如图1-1所示,Hambrick和Mason(1984)提出的高阶理论模型中,高层管理者的特征由心理特征、可观察到的人口统计学方面的特征两个部分构成。具体来说,高层管理者心理特征包含认知基础、价值观两个方面,可观察的人口统计学方面的特征则包括了年龄、教育背景、社会经济背景、职能经验和其他工作经历等。

从上述模型可以看出,高层管理者的个人特征不仅可以影响组织的战略选择、借助影响组织战略选择的形式来间接影响组织的绩效,还能够对组织的绩效产生直接的影响。

从某种意义上说,也可以将Hambrick和Mason(1984)提出的高阶理论视为一种信息处理的理论。由于关注问题的视野受到了限制,高层管理者将难以获

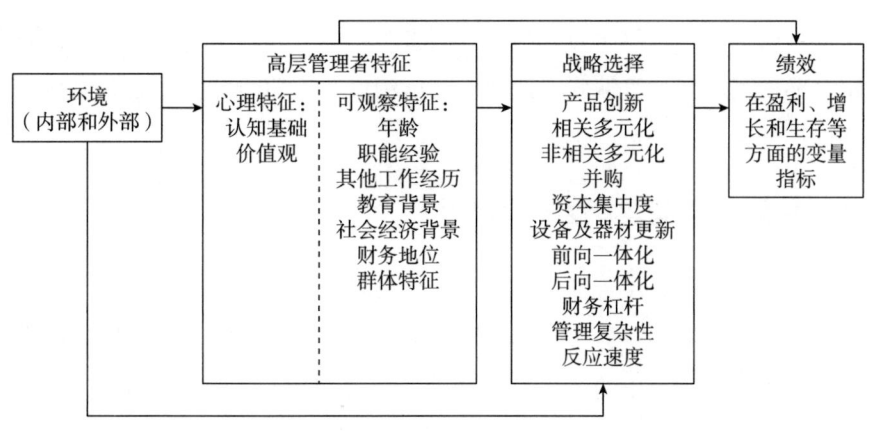

图1-1 高阶理论模型

资料来源：Hambrick D. C., Mason P. A. Upper Echelons: The Organization as a Reflection of Its Top Managers [J]. Academy of Management Review, 1984, 9 (2): 193-206.

得组织及其所处环境的所有方面的信息。并且，在加工、处理这些信息的过程中，高层管理者也仅仅只能做到有限理性。在以获得的信息为基础进行决策时，高层管理者们将无法避免自身心理及人口统计学上的特征的影响，并可能因此而发生曲解和误读信息的情况。这也就足以解释，为什么面对类似的情境，不同的企业（甚至是同一企业）在不同的时间，会做出完全不同的战略选择、产生千差万别的组织绩效。

Hambrick（2007）还提到了完善高阶理论的两个重要的调节变量——高层管理者拥有的自由裁量权以及高层管理者的具体工作要求。他表示，高层管理者的心理和人口统计学的特征要想真正影响到组织的战略选择和组织的最终绩效，与一个关键条件的满足与否紧密相关：组织的高层管理者是否拥有足够多的自由裁量权。只有当高层管理者具有充分的自由裁量权，并足以对组织的多方面决策产生广泛的影响，其心理和人口统计学上的特征才能映射到组织的战略和绩效中来。否则，即便是高层管理者心理和人口统计学上的特征会对组织决策产生影响，这些影响也极有可能是微不足道的。另外，高层管理者的自由裁量权与行业条件、组织因素和高层管理者自身等诸多因素相关。而关于高管工作要求这一调节变量，Hambrick（2007）指出，高层管理者的工作要求主要来自于几个方面：

工作挑战性的强弱、绩效压力的高低和高管个人抱负的大小。他认为，较高的工作要求会驱使高层管理者偏好走捷径、更依赖以往成功的经验，这将导致高层管理者的前期背景对其决策产生显著的影响。

二、高阶理论与管理者过度自信

高阶理论强调了高层管理者的心理特征会影响到管理者的决策和行为，并反映在整个组织的决策和行为中，最终影响到组织的绩效表现。过度自信作为企业管理者当中表现尤为突出的一种心理特征，已经获得了大量的关注（Larwood 和 Whittaker，1977；Svenson，1981；Alicke 和 Yurak，1995；Meikle 等，2016）。由于管理人员在企业的经营活动中扮演着组织者和领导者的角色，这在很大程度上加重了管理者的"控制幻觉"（Control Illusion）（Langer，1975；March 和 Shapira，1987），导致其过高估计自己对事件结果的掌控程度，从而更易表现出过度自信。

高阶理论阐明了管理者的心理特征对组织决策和行为的影响。管理者过度自信这一心理特征对企业投资、融资、股利政策选择的影响研究提供了极为丰富的佐证。多项研究结果表明，管理者的过度自信表现出来的过高估计、过分精确和过高定位使得管理者对项目效益、企业前景的预测常常会发生乐观性上偏（Heaton，2002；Lin 等，2008；Graham 和 Harvey，2013；Lee 等，2017），导致他们实施了更多的投资、并购活动（Roll，1986；Malmendier 和 Tate，2003；Doukas 和 Petmezas，2007；Gervais 等，2011；Wang 等，2016；Seo 和 Sharma，2018）。并且，此类管理者更乐于承担风险，富有创新精神，敢于增大企业的研发投入，积极推动企业开展多种形式的创新活动（Galasso 和 Simcoe，2011；Lüdtke 和 Lüthje，2012；Engelen 等，2015）。过度自信管理者过于乐观的估计和定位，最终将在企业的实际业绩面前显露出真容，为调和预测与现实的偏离程度，管理者可能会影响到企业会计处理的稳健性（Ahmed 和 Duellman，2013），并可能因此而推高企业盈余管理的水平（Hribar 和 Yang，2010；Hsieh 等，2014），情况严重时甚至会引发会计舞弊（Schrand 和 Zechman，2012）。另外，过度自信的管理者往往认为外部融资的成本高昂，资本市场低估了企业的价值，这使他们拥有独特的融资偏好，这一偏好显著影响了企业的融资决策及债务结构

(Shefrin, 1999; Heaton, 2002; Oliver, 2005; Barros 和 Silveira, 2007; Malmendier 等, 2011), 甚至, 这一偏好还会波及企业的股利政策(Ben – David 等, 2006; Deshmukh 等, 2013)。

高阶理论中"管理者的心理特征影响组织绩效"的提法在管理者过度自信与企业绩效的关系研究中同样得到了充分的论证。较多的学者提供的证据表明, 由于采用了激进的并购策略, 过高估计并购的协同收益, 在并购中极易发生过度支付(Roll, 1986; Hayward 和 Hambrick, 1997; Malmendier 和 Tate, 2004, 2008)、偏好多元化并购(Ferris 等, 2013; Andreou 等, 2011)等行为, 过度自信的管理者所主导的并购活动大多引发了市场的消极反应, 企业完成并购后的长期绩效也差强人意(Brown 和 Sarma, 2007; 吴超鹏等, 2008; 姜付秀等, 2009; 奚宾, 2010; 张广宝、施继坤, 2012; 宋淑琴、代淑江, 2015; 王德鲁、宋学锋, 2015; 邓路等, 2016)。

第二节 有限理性理论

一、基本思想

理性经济人假说认为:经济行为人对自己所处环境的各种状态及不同状态对于个人支付的意义都具有充分的认知能力并占有完全的信息;同时,在任一既定条件下,每个行为人均具备借助某一决策使个人效用实现最大化的意愿及能力。这其中,效用最大化的实现实际上包含了两个隐含的假定:①决策对应的所有可能性都是明确可知的、可量化的;②决策主体具备在所有可能性中比较择优的完全认知能力。

但现实的决策活动却常常表现出如下特征:①并非所有决策的目标均可以准确量化;②决策主体不能获取决策所需的全部信息或者获取的成本极高;③不同主体之间的决策标准并不是一致的;④决策目标是多元的、动态变化的, 甚至相互矛盾的、对立的;⑤决策活动具有突出的时效性特征。真实情境中的大量决策行为很难借助传统的理性经济人理论做出合理的解释。随着不同经济学家对理性经济人理论的不断批判和修正，有限理性理论得以逐步建立和发展起来。

1978年获得诺贝尔经济学奖的西蒙（Simon）提出的有限理性理论具有代表性。西蒙对理性经济人最大化原则的隐含假设之一——"决策主体具备在所有可能性中比较择优的完全认知能力"提出了质疑。他指出，一切管理决策都难以避免可用资源稀缺性的约束和限制，而这种约束和限制在很大程度上是源于人类的生理、心理限度。

西蒙认为，现实决策环境中，人类对环境的认知能力、对信息的加工处理能力是极为有限的。人类并不拥有无所不能的计算能力；同时，人类也仅仅只占有了能够采取合理行动的资源，只能追求决策过程的合理性。由于无法获得或比较甄选全部的备择方案，个体的决策很难完全实现自身效用的"最大化"，这也就导致人们常常不是以"最大"或"最优"而只能以"满意"作为最终的决策标准。也就是说，人类的决策只能尽力做到"过程理性"。而所谓过程理性，西蒙的有限理性理论将其解释为决策主体"适当程度地深思熟虑"。

西蒙在其著作《人类的认知——思维的信息加工理论》中提出，人类大脑加工和处理信息的能力根本无法跳脱基本的生物机能约束，而这种约束会限制人们聚焦问题的广度和获取知识、信息的速度及容量。进一步地，人类关注问题的广度和知识范围的受限会导致价值偏见或者也可能引发目标认同，而价值偏见和目标认同又会反过来限制关注问题的广度和知识信息的获取效率。因此，西蒙强调，决策理论必须考虑人的基本生物机能限制以及由此而形成的认知限制，充分关注有限理性，而非完全理性，重视过程理性，而不是苛求实质理性。同时，在谈及人们面对复杂问题的决策过程时，西蒙还表示，因为受制于认知能力的限制而只能保持有限理性，为快速找到富有可操作性的备选路径并获得"满意"的解决方案，决策人将会更多依赖自己在过去的学习经历、记忆和既有的习惯来做出应激式的反应。

二、有限理性与过度自信

西蒙（Simon）的有限理性理论要求，决策理论必须考虑人的基本生物机能限制以及由此而引起的认知限制，充分关注有限理性。西蒙同时还表示，有限理性的决策人为快速找到可能的备选路径并获得"满意"的解决方案，将会更多地以过去的学习、记忆和习惯为基础做出应激式反应。这一提法实质上已经为学者们进一步研究决策偏差问题做了很好的铺垫。

认知心理学认为，由于人们获得的信息常常是不确定的、复杂的，而自身的知识积累又是有限的，知识结构的缺陷无法保证人的全知全能，想要借助既有信息和知识做出最优判断和决策存在相当的难度，甚至人们可能还会因为不完全地或者错误地运用这些信息、知识，导致判断和决策上的偏差。Einhorn 等（1981）认为，决策一般包含信息的获取、加工、输出和反馈等多个环节，每一环节都可能难以避免来自外部环境和决策主体自有知识结构的影响，由于人们加工和处理信息的能力是有限的，人们的认知和决策极易产生偏差。

经济学家卡尼曼（Kahneman）和特维斯基（Tversky）在西蒙所做研究的基础上，深入探索了有限理性背景下决策人的心理偏差问题。两人在 1974 年的论文 *Judgment under Uncertainty：Heuristics and Biases* 中描述了人们在不确定情况下做出判断和决策时经常采用的三种启发式方法：①代表性判定——判断某一对象或事件 A 属于 B 类或 B 过程的概率；②实例或场景的可用性评估——评估某一类别或某一特定发展情况的合理性；③从锚上进行调整——在给定的参照数值上进行预测值的调整。卡尼曼和特维斯基的研究证实，虽然这三种启发式方法在决策过程中非常有效，但也常常会带来严重的系统性偏误。比如，人们可能会在代表性判定时对某一事件发生的概率估计过高；在评估实例或场景的可用性时有意识地过滤或忽略某些信息，而对近期发生的情境却赋权过重；或者，在从锚上进行调整时过分精确，设置了过窄的置信区间等。这些做法在过去的 40 多年里往往被大量的学者用于定义和解释过度自信这一认知偏差（Costa 等，2017）。

余明桂等（2006）在对认知偏差产生的过程进行梳理（见图 1-2）时指出，在信息的输出阶段，当人们过分偏好某种结果时，就会低估这种结果失败的概率、高估其成功的可能，这会导致人们对未来事件的结果表现出过度自信。在信息的反馈阶段，自我归因和后见之明等认知偏差的存在又会进一步加剧过度自信，造成对原有认知偏差的二次强化。

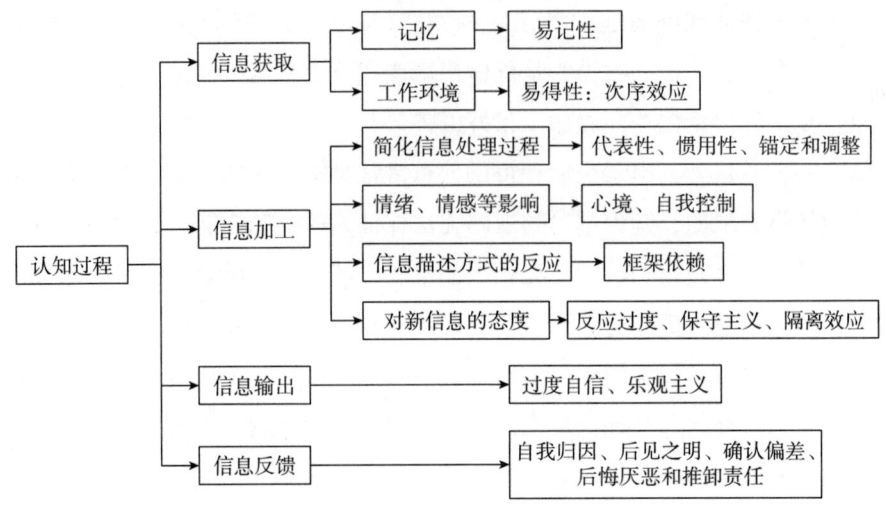

图 1-2 认知过程与认知偏差

资料来源：余明桂，夏新平，邹振松．管理者过度自信与企业激进负债行为研究［J］．管理世界，2006（8）：104-112．

心理学的相关研究证实，过度自信是一种极富代表性的认知偏差（Alicke 等，1995；DaSilva 等，2015）。有限理性对此给出的解释是，传统经济学提出的"理性经济人"的假设本身就存在漏洞，人们的理性并非不受任何约束和限制，决策过程中的人只能保持有限理性（DeBondt 和 Thaler，1995）。

20 世纪 60 年代以来，心理学的相关研究广泛讨论了过度自信这一认知偏差问题（Habib 和 Hossain，2013）。尤其是 20 世纪 90 年代至今，过度自信研究在经济和金融领域表现得格外抢眼，它被应用于解释众多有损财富或价值创造的决策案例（Fellner 和 Krügel，2012）。Pompian（2012）认为，从本质上讲，过度自信可以被定义为对认知和判断技能的直觉推理导致的非理性信念。Merkle 和 Weber（2011）的研究同样表示，过度自信实际上就是心理偏差导致的结果。

三、有限理性与财务顾问声誉

西蒙已经明确了大脑生物机能和资源禀赋对人类聚焦问题的广度和获取知识、信息的速度及容量的限制，并指出了聚焦问题广度与知识、信息获取的速度及容量和价值偏见或目标认同之间存在的循环关系:人类关注问题的广度和知识范围的受限会造成价值偏见或者目标认同,价值偏见、目标认同又反过来限制关注问题的广度和知识信息的获取。这种循环关系的存在给出了一个提示:如果能够在认知的源头建立一种介入机制,改善人们因大脑生物机能和资源禀赋的约束而面临的认知受限局面,拓宽人们的视野、提升人们获取知识和信息的速度及存量,人们的认知结果就可能随之发生改变,认知偏差发生的概率也就有了降低的可能。

并购重组交易中财务顾问的主要职责是提供信息咨询服务。财务顾问提供的咨询服务能够帮助收购方获取更多与并购相关的信息和专业意见,构建更加丰富多元的并购和资源整合方案(Kesner 等,1994;Pablo 等,1996;Basu,2011;张建红,2010;孙轶、武常岐,2014)。这也就意味着,财务顾问能够借助自身积累的专业知识和并购经验为并购决策人极大地节约信息搜索、知识学习的时间和成本。同时,财务顾问的信息咨询服务还可以帮助并购决策人尽可能多角度解读并购交易本身及其可能产生的经济后果。财务顾问的聘用可在一定程度上缓解并购决策人聚焦问题广度、获取知识和信息速度及容量上存在的不足和缺陷。

与此同时,有关财务顾问声誉的研究表明,声誉更高的财务顾问的执业能力更强,他们提供咨询服务的质量是更有保障的(Kale 等,2003;Hunter 和 Jagtiani,2004;Golubov 等,2012)。这就预示着,借助对并购交易中聘用的财务顾问声誉的控制,可能降低并购决策人在关注问题广度、知识信息搜索速度和容量方面的受限程度,减弱心理特征因素对认知和决策的影响力,从而降低过度自信对管理者个人决策乃至公司决策的影响力,最终达到改变过度自信的管理者对待业绩承诺态度的目的,在理论上是完全可行的。

第三节 声誉理论

一、基本思想

经济学鼻祖亚当·斯密最初对声誉的界定是很多学者开展声誉研究的基础。

亚当·斯密将声誉视为一种隐性的激励机制，并且提出，这种隐性激励机制能够有效地保护相关契约的顺利履行。

Fama（1980）从经理人行为视角演化了亚当·斯密提出的声誉概念。他表示，即使没有内部激励机制的存在，声誉依然能够有效地激励经理人认真努力地工作，原因在于，经理人能够获得的薪金报酬以及自身在人力资本市场上的议价能力取决于自己的历史工作业绩，基于长远利益考虑，经理人会有较强的动力更努力地完成自己的工作，主动约束自己的行为，争取更好的业绩表现。

Holmström（1999）沿着信息经济学的思路进一步发展了 Fama（1980）的思想，建立起了代理人市场声誉模型。他从两个不同阶段职业经理人的行为模式出发，对声誉的作用进行了推理论证，利用数学模型证明了声誉作为显性激励的替代机制的可能性、合理性。在进一步考虑了个体的生命周期后，他还发现：处在职业生涯初期的年轻经理人更加重视自己在经理人市场上的声誉积累，从而表现出更高的勤勉敬业程度。

Kreps 等（1982）则选择沿着重复博弈理论的思路对声誉问题展开研究。他们运用博弈模型研究了不完全信息条件下有限次重复博弈中的合作均衡生成机制，建立起了标准的声誉模型。标准声誉模型证实，一定时期内，好的企业可以借助承诺来建立自己的声誉。Kreps 等（1982）的研究同时证明了市场中的交易人是有积极性建立和维护良好的声誉的。但是，他们的声誉模型存在两个重大缺陷：①模型求得的均衡解并不是唯一的；②声誉价值的体现必须以博弈参与各方有充分的耐性、博弈次数足够多为基础和前提。

Kreps 等（1982）所取得的成果是极具开创意义的，他们打开了声誉研究的新局面。但遗憾的是，直至今日，有关声誉的理论仍是零散、庞杂且不成体系的。

Tadelis（1999，2003）、Mailath 和 Samuelson（2001）与 Kreps 等（1982）对声誉的界定是一脉相承的，他们的研究进一步明确了声誉的资产特性，并强化了声誉的"可交易"特性。Tadelis（1999，2003）认为，声誉是附属于企业的名称并由其展现的一种无形资产，对企业名称的交易与企业的声誉交易等同。Tdelis 的研究还提出了声誉的建立效应和维护效应。声誉的建立效应表述的是好的企业相比于差的企业更容易建立声誉，它们建立声誉的成本更低，声誉建设的效果显现得也更快。声誉的维护效应指的是，好的企业比差的企业更乐于维护声誉——维护美好的声誉有助于企业长期获利，并且，这种获利又可以成为好的企业维护声誉的有效激励；同时，好的企业比差的企业更有实力和能力来维护自己的声誉。Mailath 和 Samuelson（1998）认为，声誉是一种可以被逐步建立、消耗的资产，需要给予相应的投资、维护；并且，声誉最重要的价值在于提高企业"高水平努力"承诺的可信程度、约束企业行为、令其主动降低道德风险的发生概率。Mailath 和 Samuelson（2011）还表示，市场中企业的博弈会导致有能力的企业通过选择更高的努力程度将自己与那些低能企业区别开来。

部分学者将声誉视为表征企业历史行为的信息流，并剖析了声誉信息流的价值体现形式和具体传播渠道。Formbrun 和 Shanley（1990）认为，声誉是反馈企业行为的信息载体，可以影响企业利益相关者对企业类型的认知结果，还可以约束企业主动提升自身产品、服务的品质。Pyle（2002）认为，声誉信息流存在两种有差异的传播渠道，一种是通过企业的行为而自发产生的，另一种是第三方组织（如信誉评级机构、行业协会等）推送产生的。第一种渠道中的声誉信息流存续的时间较短、传播范围受限于企业的情报信息网络覆盖面；而第二种渠道中的声誉信息流存续时间长、可信度更高、流传度也更广。对于声誉信息流的价值表现形式，Pyle（2002）的观点是，声誉信息流可以在一定程度上替代法律意义上的正式合同或契约、提升市场的运行效率。Kennes 和 Schiff（2002）同样考证了声誉信息的价值问题，他们认为，声誉信息可被看作一种信号发送机制，这一机制不仅报送了企业历史交易的相关信息，还可以实现对企业当前阶段的机会主义行为与下一阶段更低的声誉水平的捆绑，帮助识别高品质产品或服务并提高其交易价格。

虽然当前的声誉研究仍未能形成完整的理论体系，但还是可以从已有的研究成果中梳理出声誉的主要价值功能：声誉可以成为被企业所利用的资源，建立和维护声誉可以让企业长期获益；声誉能够反馈和折射企业的历史行为，影响外部组织或团体对企业类型或产品服务质量的判断；声誉也可以化身为隐性的激励机制，为企业的自我行为约束以及合同契约的高效履行提供保障。

二、声誉理论与财务顾问声誉

财务顾问在并购重组中的主要职责是借助自身专业技术知识和业务经验为委

托人提供信息咨询服务。现有的声誉理论在为评估财务顾问服务质量、解读财务顾问提供服务的策略、剖析财务顾问服务的效果提供理论支持的同时，对某些经济现象与理论预测的相互背离存在难以解释的情况。

声誉是财务顾问过去交易行为累积的服务质量结果（Chemmanur 和 Fulghier，1994；Walter 等，2008），这种结果可能体现在三个方面：①财务顾问占有的市场份额，市场份额的大小反映财务顾问的服务获得客户的认可程度；②财务顾问所服务的客户的绩效表现，描述其咨询服务结果的优劣程度；③第三方机构提供的评级或排名，综合刻画财务顾问执业能力的高低。

学者们在对财务顾问的声誉进行评估时，基本上都采用的是市场份额法的思路。其基本的做法是：每年根据财务顾问当年的市场份额（顾问服务完成的交易额）为其分配一个等级，然后依据财务顾问在整个样本期间的平均年度排名，得出其最终排名，并以最终排名为基础确认财务顾问的声誉高低（Bowers 和 Miller，1990；Servaes 和 Zenner，1996；Rau，2000；Kale 等，2003；Ismail，2010；Guo 等，2018）。在具体声誉高低的级别定义上，有选择"顶级"和"非顶级"的二分法（Glubov 等，2012），也有选择"一级""二级""三级"的分类法（Chuang，2014）。

解析财务顾问服务提供策略的研究主要以分析财务顾问收费结构的形式体现出来。由于财务顾问咨询服务费用中的绝大部分费用的收取并不取决于交易是否为并购方创造了价值，而仅仅取决于交易是否完成，部分研究由此认为，财务顾问的服务质量应该与客户获得的并购绩效无关（Bowers 和 Miller，1990；Michel 等，1991）。并且，服务费用这种特殊的结构安排会导致财务顾问在提供咨询服务时更加关注交易的完成与否（McLaughlin，1990；Rau，2000），从而，财务顾问可能减弱对服务质量的管控意识。当然，也有学者在研究中发现了相反的证据（Sibilkov 和 McConnell，2014）。

在剖析财务顾问服务的效果过程中，部分研究显示，财务顾问服务质量与客户并购绩效之间的关系与声誉理论推导出的结果是一致的，高声誉的财务顾问提供了更高质量的服务，给客户带来了更好的并购绩效（Kale 等，2003；Glubov 等，2012），但也有研究并没有为财务顾问的高声誉找到更多的业绩方面的证据（Servaes 和 Zenner，1996；Ismail，2010），甚至高声誉的财务顾问还可能因为索要更多的服务费用溢价而使收购方获得了更低的并购收益（McLaughlin，1992；Hunter 和 Jagtiani，2003）。

第四节 委托代理理论

一、基本思想

作为契约理论的重要领域，委托代理理论重点关注了委托代理双方利益冲突及信息不对称条件下，委托人通过契约的安排与设计激励代理人行为的问题（Sappington，1991）。该理论的核心观点是：委托代理关系中的委托人和代理人均属于奉行自身效用最大化为行为准则的经济人；委托人出于最大化自身效用的考虑，将自己拥有或者控制的资源的部分决策权委托给代理人，要求代理人以委托人利益为导向提供相关的服务；代理人同样追求自身效用的最大化；在效用函数不一致、占有信息不对称条件下，如果代理人接受委托提供服务的过程中将自身利益凌驾于委托人的利益之上、损害委托人的利益，代理问题由此产生；为减少因代理问题而产生的效用损失，委托人将借助契约设计和制度安排来规范、约束、激励代理人，更大程度地保障自身效用的实现。

通常，伯利和米恩斯（Berle and Means）1932 年的著作 The Modern Corporation and Private Property（《现代公司与私有产权》）对公司"两权分离"问题的讨论被视为委托代理理论的源头。20 世纪 60 年代末 70 年代初，Wilson（1969）、Ross（1973）、Mirrless（1974）等对企业内部信息不对称和激励问题的研究推动了委托代理理论的建立和完善。随后，Jense 和 Meckling（1976）、Robbinstein（1979）、Fama（1980）、Lazear 和 Rosen（1981）、Kreps（1982）、Holmström（1999）等对相关问题的探索推动委托代理理论研究取得了重大发展，使其成为了解释众多经济现象的重要理论基础。

和其他经济理论一样，委托代理理论也建立在一定的假设前提之上。委托代理理论有两大基本假设：①委托人与代理人存在利益上的冲突；②委托人与代理人各自占有的信息是不对称的。

委托人与代理人利益存在冲突的原因在于双方效用函数的差异。委托代理关系成立后，委托人从中获得的效用依赖于代理人在接受委托后付出努力的程度，即委托人的收益对应着代理人的成本；代理人从中获得的效用则是委托人支付给代理人的报酬，而这些报酬属于委托人的成本，将抵减委托人的效用总额。由于委托人与代理人均以自身效用最大化为基本行为准则，委托代理关系中的双方都追求自身获得的收益最大、付出的成本最低，最终造成了双方利益根本上的差异性，甚至相互冲突。

委托人与代理人之间的信息不对称，指的是委托代理关系中的委托方在掌握代理人信息方面处于弱势。委托代理关系中，代理人完全了解自己付出努力的水平，而委托人却难以直接观察到代理人真实的努力程度，或者，即使能够观察到，也无法得到第三方的有效证实。

委托人和代理人利益上的差异甚至冲突导致代理人在追求自身效用最大化的情况下可能损害到委托人的利益；鉴于代理人努力程度的相关信息很难为委托人获得，代理人又可能利用信息优势，谋取自身效用的最大化而牺牲委托人的利益。上述局面一旦形成，代理问题随即产生。为解决代理问题，委托人必须借助相应的契约安排或者制度设计，激励代理人采取符合委托人利益的行为。

委托代理理论在契约安排、制度设计方面的代表性成果包括几大方面：①委托人借助长期契约与代理人建立长远合作关系。Robbinstein（1979）和Rander（1981）利用重复博弈模型证明，如果委托人和代理人双方均有足够的耐心保持长期关系，则帕累托一阶最优风险分担和激励是具备现实条件的。②委托人利用声誉机制约束代理人行为。Fama（1980）最早提出利用经理人对自身声誉的关注和重视来解决代理问题。Kreps、Milgrom、Roberts和Wilson（1982）提出的标准声誉模型将问题扩展至多重博弈，证实了参与人基于长期利益而需要建立并维护自己的声誉，长期的合作因此得以实现。HoLmström（1999）通过模型化Fama（1980）的思想，捕捉到了生命周期对声誉机制作用的影响，提出声誉对年轻代理人的约束作用更加显著。③引入锦标赛制度。Lazear和Rosen（1981）提出了锦标赛制度，建议以相对绩效评估模型将代理人的报酬与其在所有代理人中间的排名挂钩。

二、委托代理理论与股权制衡

不可否认的是,传统委托代理理论核心在于委托人借助契约设计和制度安排激励代理人依委托人利益行事,并且,将公司中所有的股东视为委托人,将经营者视为代理人(Shleifer 和 Vishy,1997)。传统的委托代理理论在解释股权高度分散背景下股东与经营者之间的关系和公司治理问题上的表现十分出色。

但大量的研究显示,股份公司股权结构与 Berle 和 Means 所描述的高度分散的状态存在较大的差异。La Porta 等(1999)、Claessens 和 Djankov(1999)、吴世飞(2016)的研究均证实,上市公司存在超级大股东、股权高度集中是一种更为普遍的现象。股权集中导致公司内部不仅全体股东与经营者之间,控股股东与中小股东之间同样存在利益上的冲突(Weinstein 和 Yafeh,1994;Franks 和 Mayer,1994;Shleifer 和 Vishny,1997),控股股东与中小股东之间的矛盾甚至占据了更主要的位置(La Porta 等,1999)。Fama 和 Jensen(1983)指出,股权的高度集中会给大股东掏空公司、侵害中小股东利益创造更多的便利。

而主要针对股权分散特点发展起来的传统委托代理理论,并没有专门探讨股权集中条件下如何限制、约束控股股东或大股东侵害中小股东利益的问题。

事实上,在股权相对集中或高度集中的上市公司中,存在双重委托代理问题:第一,控股股东或大股东与经营者之间的委托代理问题;第二,中小股东与其代理人之间的委托代理问题(冯根福,2004)。

由于股权的相对集中,控股股东或大股东与经营者之间的代理问题实际上得到了一定程度的解决。股权分散情况下的股东监督乏力问题、内部人控制问题得以改善,控股股东或大股东因此具备了比较充分的监管动机和较强的监管能力。Shleifer 和 Vishny(1986)认为,股权的集中可以改善中小股东"搭便车"问题。Claessens 等(2000)强调,较高的股权集中度能够减少管理层对股东利益的侵害,缓解管理层和股东之间的代理冲突。

但是,控股股东或大股东侵占中小股东利益的问题在股权集中情况下表现得格外突出(Claessens 等,1999;Johnson 等,2000)。如何借助相应的治理机制抑制控股股东或大股东的恶意侵害行为成为委托代理理论的又一重要议题。

冯根福(2004)构建的双重委托代理理论强调,为控股股东或大股东所掌握的实际控制权在监控经营者行为、解决第一类代理问题的同时,也可能会成为掠夺中小股东财富的工具;中小股东为降低自身利益受损的程度,除了寻求法律的保护,还需要委托代理人来维护他们的利益;在以股权相对集中或高度集中的上市公司中,全体股东利益的最大化,不仅取决于控股股东或大股东与经营者之间代理问题的解决与否,同时还依赖于能否实现中小股东被侵害程度的最小化。

较多的学者从股权结构安排的视角对如何抑制控股股东或大股东对中小股东利益的侵害问题进行了讨论(Pagano 和 Roell,1998;Gomes 和 Novaes,1999,2005;Bennedsen 和 Wolfenzon,2000;Bloch 和 Hege,2001),利用大股东之间的相互牵制来限制控股股东的行为成为了一项备受推崇的政策建议。股权制衡意指多个大股东相互牵制和监督,单一大股东无法独自掌控公司的重大决策。多个股东间的监督和制约可以有效地限制大股东对中小股东利益的肆意掠夺,降低公司的第二类代理成本(Bennedsen 和 Wolfenzon,2000)。有学者认为,股东之间的相互牵制不仅可以减少大股东的控制权私利(陈德萍、陈永圣,2011),还能抑制大股东与管理者之间的共谋,提高公司的治理效率(Gomes 等,2006)。王晓巍、陈逢博(2014)的研究认为,股权制衡度越高,公司的经济绩效会越好。

第五节 机理分析

一、管理者过度自信与业绩承诺

西蒙(Simon)的有限理性理论强调,现实决策背景下,决策人并不能如理性经济人假说所述而保持完全理性。因为决策人所处的环境,尤其是宏观的社会环境极其复杂,要想获得完备的环境信息并且准确高效地对信息进行加工整理是有相当的难度的。同时,决策人仅仅只是占有有限的资源,这导致他们在备择方案上拥有的选择余地也是相对有限的。加之决策人并不能做到全知全能,每个人既有的知识结构都或多或少存在缺陷,人脑对信息的接收和处理又无法摆脱基础的生物机能的限制,决策主体只能选择在既有的资源受限背景下,以"满意"

为决策原则，尽量保证决策的过程理性。

复杂的环境、占有资源的有限性、既有知识结构的制约和人脑生物机能的限制诸多因素的叠加，除了促使决策主体以"满意"的决策原则取代"最优"或"最大"的决策原则、力保决策的过程理性而非实质理性外，还会引发一个重要的负面效应——决策主体聚焦问题的广度降低、视野受限。而当决策主体关注问题的视野受到限制时，决策人没有能力不计成本代价完成对所有信息的甄别、验证，决策过程将更大程度地受到决策人心理特征的影响。鉴于心理学已经取得的研究成果证实了过度自信存在的普遍性和结果的稳健性（Alicke 等，1995；Da Silva 等，2015），这一心理特征对决策的影响显然无可避免，管理者过度自信的问题呼之欲出。

过度自信的心理特征在企业管理人员这一特殊群体当中体现得尤为明显，并将显著影响管理者的个人决策（Larwood 和 Whittaker，1977；Alicke 等，1995；Baron，2003；Meikle 等，2016）。而高阶理论指出，组织高层管理者的心理特征会最终体现在组织的具体决策当中。过度自信管理者的个人决策折射在公司的决策当中，公司决策又涵盖了有关业绩承诺的具体决策。由此，管理者的过度自信与业绩承诺的关联关系得以建立起来。

过度自信的管理者往往突出地表现出三方面的特质：过高估计（Overestimation）、过高定位（Overplacement）以及过分精确（Overprecision）。过高估计描述的是过度自信的管理者对自身知识、能力的评价过高；过高定位是指过度自信的管理者在比较个人能力与他人能力时自认"个人优于平均"；过分精确指的是过度自信的管理者在对未来事件发生的概率、水平进行估计时设置了过窄的置信区间。过度自信的管理者这三方面的特征将导致其借并购重组为公司创造价值的能力对自身估计过高（Roll，1986；Doukas 和 Petmezas，2007；Liu 和 Taffler，2008）、对目标资产未来营利能力的预测过分乐观（Heaton，2002；Hilary 和 Hsu，2011）、产生强烈的掌控并购资产营运走向的"控制幻觉"（Langer，1975；March 和 Shapira，1987）。过度自信的管理者对收购项目的成功信念是坚定而难以动摇的，这种信念冲淡了他们的项目风险控制意识（Gervais 等，2011），使得过度自信的管理者对可以降低并购风险的业绩承诺的需求大幅降低。而且，业绩承诺对并购溢价存在极强的正向影响，其高成本特性将进一步削弱过度自信管理者签订业绩承诺协议的意愿。

过度自信的管理者在并购时容易采用过激的接管政策、过度支付（Roll，1986；Hayward 和 Hambrick，1997；Malmendier 和 Tate，2004，2008）、偏好多元化（Ferris 等，2013；Andreou 等，2011）等非理性决策很可能已经给目标资产后期的运营埋下隐患。同时，过度自信的管理者乐于大量投资（Malmendier 和 Tate，2003；姜付秀等，2009；Seo 和 Sharma，2018）、频繁并购（Doukas 和 Petmezas，2007；Liu 和 Taffler，2008）和积极推进创新活动（Galasso 和 Simcoe，2011；Lüdtke 和 Lüthje，2012；Engelen 等，2015），激进冒险的战略选择也有可能再次加重公司的财务负担。多重因素的综合作用导致过度自信的管理者所在的公司在业绩承诺完成质量上表现不佳。

二、财务顾问声誉的调节作用

依据有限理性的观点，建立更为有效的信息处理和反馈机制能够在一定程度上缓解由于认知受限引发的决策偏误。并购交易中财务顾问的介入可以减弱收购方管理者心理特征对并购决策的影响力，弱化二者之间的关联程度。财务顾问的专业技术知识及其积累的执业经验能够辅助收购方更准确地识别目标资产价值、推进并购交易谈判的顺利实施（Basu，2011；Pablo 等，1996）。聘用财务顾问后，收购方管理者在并购交易过程中面临的关注视野受限问题将可得到较大的改善。财务顾问的信息咨询服务使收购方管理者有机会更准确地把握交易环境和背景、减少资源限制带来的认知障碍，财务顾问提供的专业意见利于管理者打破自有知识的桎梏，节约了环境考察、目标资产价值估计、并购方案甄选、资源整合方案设计等诸多环节的时间成本，提升了相关工作的效率。财务顾问的聘用使并购中的信息不确定性程度大幅降低，进一步保证了理性决策基础条件的完备性，减弱了并购决策过程中管理者因为受自身心理特征的影响而发生认知偏差、造成决策偏误的可能。

随着管理者心理特征与决策过程的关联程度的降低，管理者过度自信对公司决策造成的影响力将同步减弱，进一步地，过度自信管理者对待业绩承诺的态度可能会随之发生变化。因此，财务顾问极有可能调节管理者过度自信与并购重组业绩承诺之间的关系。

声誉理论指出，好的企业有动力也有能力提供更好的服务和产品以建立和维护自己的声誉（Tadelis，1997，2002），并且，它们会通过这种行为有意识地将自己与低能企业区分开来（Mailath 和 Samuelson，2011）。有关财务顾问声誉问题的研究也明确指出，不同声誉的财务顾问在业务能力和执业质量上存在明显的差异，高声誉的财务顾问专业实力更为突出（Hunter 和 Jagtiani，2004；Graham 等，2017）。这也就意味着，高声誉的财务顾问阻断心理特征与管理者的并购决策结果之间关联关系的能力可能是更强的。

鉴于高声誉的财务顾问更显著地降低了心理特征因素对管理者的影响，管理者过度自信与公司业绩承诺的决策之间的关系极有可能发生相应的变化。在高声誉财务顾问卓越的专业能力的推动下，过度自信的管理者得以更客观地看待业绩承诺问题，而不是仍然保持原来冒险激进的态度。而与之相对的，一般的财务顾问缺乏高声誉背后的专业技能支撑，这一类的财务顾问降低过度自信对管理者决策乃至降低管理者过度自信与业绩承诺关联关系的能力可能是比较微弱的。

三、股权制衡机制的调节作用

委托代理理论的基本假设突出了委托人和代理人之间的利益冲突和双方的信息不对称问题：委托人与代理人的效用函数差异导致了双方在根本利益上的不一致，而代理人的信息优势将进一步加剧双方利益背离的程度。想要缓和代理冲突，使代理人更多地以委托人利益最大化为行事原则和决策标准，需要巧妙的契约设计和制度安排。

股权普遍高度集中的股权结构背景下，股东与管理者之间的代理冲突依然存在且不容忽视，而控股股东与中小股东之间代理冲突的愈演愈烈也让问题的解决变得刻不容缓。股权制衡作为一种重要的制度设计可在一定程度上解决制衡股东与管理者之间的代理冲突，同时还能够借助制衡股东对控股股东决策和行为的牵制来缓和控股股东与中小股东之间的代理冲突。

有限理性理论认为，企业管理者的过度自信会导致其最终的决策及行为产生偏差。高阶理论提出，管理者的特征会在企业战略选择中得到比较充分的体现，并影响到企业最终的绩效表现。由此看来，过度自信的管理者会将自己的选择偏好以相应决策或行为的形式扩散至企业层面，影响企业战略并且影响企业的绩效,而绩效表现的好坏直接关乎股东财富的安全和体量大小,这种真实的利益勾连使得股东对过度自信管理者决策和行为的关切有了比较稳固的基础。

当过度自信的管理者以冒险激进的态度对待业绩承诺协议的签订和执行问题时,收购方签订业绩承诺协议的概率和业绩承诺最终的完成质量都将受到负面影响。对业绩承诺协议签订的负面影响使股东财富无法获得业绩承诺的保障,或者不能获得更高的保障(业绩承诺增长率的设定比较保守或偏低);对业绩承诺协议完成质量的负面影响则使股东可能面临因实际业绩低于预期而产生的股价下跌、财富缩水的风险。

过度自信管理者给业绩承诺协议签订和执行造成的负面影响威胁到了制衡股东财富的安全和体量大小,制衡股东有监管和限制过度自信管理者行为的意愿和动机。股权制衡度的高低代表了制衡股东制衡能力的强弱,股权制衡度越高,制衡效果越显著,从而过度自信管理者对待业绩承诺协议订立和执行的立场转变的可能性也越大。

第二章 文献回顾与述评

第一节 管理者过度自信

过度自信理论源自于心理学的研究领域,主要探讨的是人们在社会活动中表现出来的过高估计、过高定位、过度精确三种典型心理特征的成因、表现及后果。行为金融学将之与金融活动相联系,广泛关注金融活动中此类心理特征的影响因素及其产生的经济后果。在行为金融学的既有研究中,完全理性经济人假设和代理理论中的代理冲突是解释诸多经济行为的理论基础。然而,现实金融活动中的人并非完全理性,某些情况下代理冲突也可能并非影响人们的行为主因。对过度自信的研究将心理因素纳入解释金融行为的研究框架,打开了金融研究的新局面。

对于自认为处于自己能力控制范围内以及自己高度参与的事情的结果,人们特别容易表现出过度自信(Weinstein,1980;Weinstein 和 Klein,2002)。管理人员在企业的经营活动中扮演了组织者和领导者的角色,企业重要事项的决策权大多直接掌握在管理者手中,各项日常活动基本都以这些重要决策为中心展开,这极易助长管理者的"控制幻觉"(Langer,1975;March 和 Shapira,1987),从而使其更加自信。心理学家早就发现,企业的经理们过度自信的特质表现得尤为突出(Svenson,1981;Alicke 等,1995;Meikle 等,2016)。

一、管理者过度自信的经济后果研究

由于低估了风险、高估了效益(Gervais 等,2011),且容易对预测或估计对

象的置信区间设定过窄（Yaniv 和 Foster，1997；Juslin 等，1999；Soll 和 Klayman，2004；McKenzie 等，2008），过度自信的管理者倾向于增加盈利预测发布的频次，并常常在预测过程中出现正向偏差。多项研究证实，企业管理者越自信，盈利预测值的宽度越低，发布盈利预测越频繁，但其盈利预测出现正向偏差的可能性更大（Hribar 和 Yang，2010；Hilary 和 Hsu，2011；操巍等，2017）。Heaton（2002）的模型就捕捉到了这种乐观性的偏差，Lin 等（2008）以及 Lee 等（2017）的研究也得出了相同的结论。Ben – David（2006，2010，2013）的多篇论文也提出，过度自信高管的预测存在严重的偏误，他们做出的市场回报率预测的置信区间分布太窄，最终实现的市场回报处于置信区间 80% 以内的公司数不足 40%。

一般而言，过度自信的管理者常常因其乐观倾向和冒险精神而推高企业的投资水平（Malmendier 和 Tate，2003；姜付秀等，2009；Gervais 等，2011；王海明、曾德明，2012；叶玲、王亚星，2013；李云鹤，2014；Wang 等，2016；Seo 和 Sharma，2018）。过度自信的管理者高估了项目未来的净现金流入（Heaton，2002），或者使用了较低的折现率（Ben – David，2006），引起估值偏误，导致企业过度投资（Iyer 等，2017；Pikulina 等，2018；SubChoi 等，2018）。同时，他们因认为企业价值被低估而更偏好内部融资，当企业自由现金流短缺时，由于不愿意进行外部融资，会放弃一些好的投资项目，造成企业投资不足（Malmendier 和 Tate，2003，2005）。这种"投资不足—过度投资"的权衡与企业的自由现金流充裕与否高度相关（Kamoto，2014），最终增强了企业投资现金流的敏感性（Markus 等，2008；栾天虹、吴晓勇，2014；Iyer 等，2017）。另外，企业投资对现金流水平变化的反应可能是非对称的，无融资约束公司的投资现金流可能存在向下粘黏的情况，因为过度自信管理者驱动的过度投资承诺及实际行动的发生率更高（Koo 和 Yang，2018），管理者的过度自信演化为加剧企业投资现金流黏性的助燃剂，进一步扭曲了企业投资。

过度自信的高管较易做出激进、冒险，有时甚至是价值毁灭性的财务决策（Meikle 等，2016），这其中的一个典型代表就是企业并购决策。即使在市价高于估值、存在正向误差的情况下，管理者由于盲目自大，还是可能采取非理性的接管行为，实施更多的并购活动（Roll，1986；Doukas 和 Petmezas，2007；Liu 和

Taffler, 2008)。由于采用了激进的并购策略,过高估计并购的协同收益,且在并购中极易发生过度支付(Roll, 1986; Hayward 和 Hambrick, 1997; Malmendier 和 Tate, 2004, 2008)、偏好多元化并购(Ferris 等, 2013; Andreou 等, 2019)等行为,过度自信的管理者所主导的并购活动的市场反应大多比较消极,企业完成并购后的长期绩效也差强人意(Brown 和 Sarma, 2007; 吴超鹏等, 2008; 姜付秀等, 2009; 宋淑琴、代淑江, 2015; 邓路等, 2016)。

对风险的低估使过度自信的管理者更乐于推动企业开展创新活动(Galasso 和 Simcoe, 2011; Lüdtke 和 Lüthje, 2012; Engelen 等, 2015)。这种过度自信可能提高企业的创新绩效(Galasso 和 Simcoe, 2011; 林慧婷、王茂林, 2014; 孔东民等, 2015; 朱磊等, 2016; Wang 等, 2018),也可能增大企业的风险(Simon 和 Houghton, 2003)、提高股票收益的波动性(Hirshleifer 等, 2012),或者导致企业在不同类型创新上的投资失衡(Chang 等, 2015; 翟淑萍等, 2015)。管理者的过度自信和企业创新之间的关系往往颇为复杂,过度自信的类型(Herz 等, 2014)、程度和异质性(翟淑萍、毕晓方, 2016)均可影响两者关系的方向。而且,企业的产权性质(王山慧等, 2013)、企业规模与资本结构(易靖韬等, 2015)、管理者的早年经历(张信东、郝盼盼, 2017)等因素会对管理者过度自信与企业创新的关系发挥调节作用。

为继续维系"形势乐观"的幻觉或者找到泡沫破灭时的遮羞布,过度自信的管理者可能促使企业采用更为激进的会计政策和会计估计,如延迟对损失的识别、提前确认收入,而这些举动将会降低企业会计的稳健性(Ahmed 和 Duellman, 2013; 孙光国、赵健宇, 2014; 邢维全、宋常, 2015)。必要时,过度自信的管理者还会"适当地"对企业的盈余进行"调节"(Hribar 和 Yang, 2010; 何威风等, 2011; Li 和 Hung, 2013; 张泽南等, 2016)。并且,随着业绩调整难度的提高,他们可能越来越偏向实施真实盈余管理(Habib 等, 2013; Hsieh 等, 2014)。在某些情况下,过度自信的管理者甚至不惜将企业置于更高的会计欺诈风险之下。最初,这些对财务信息的虚假陈述可能仅仅只是源于过度自信管理者的高估(Libby 和 Rennekamp, 2012; Hribar 和 Yang, 2015)。然而,由于偏差的存在,在随后的时期,这些公司可能不得不继续谎报收入以匹配他们最初的误报(Schrand 和 Zechman, 2012)。另外,Duellman 等(2015)调查了管理过度自信与审计费用之间的关系后指出，过于自信的管理者对审计服务的需求更小，他们不太可能使用行业专家审计师；但审计师们认为，管理者的过度自信增加了审计风险，他们会要求更高的审计费用。这种管理者过度自信与审计费用的正向关系在 Mitra 等（2019）的研究中再一次得到了证实。

由于对企业未来的投资收益估计过高，过度自信的管理者认为外部资本市场低估了企业的价值，在内部资金短缺的情况下，他们往往不愿意通过发行股票来融通资金，而是优先选择债务融资（Shefrin，1999；Heaton，2002；Oliver，2005；Malmendier 和 Tate，2005；Barros 和 Silveira，2007；Lin 等，2008；Malmendier 等，2011）。一般而言，过度自信的管理者进行债务融资的频率较高、期限较短（Shefrin，2001；余明桂等，2006；Hackbarth，2008；Landier，2009；闫永海、孔玉生，2010；Huang 等，2017）、成本更高（Malmendier 和 Tate，2007），或者债务融资成功率更低（Malmendier 等，2011）。虽然这种对债务融资的偏好会造成企业偏离最佳资本结构（Hackbarth，2008），对企业绩效产生不利影响（黄莲琴等，2011），但是更高的债务水平也可能有利于减缓管理者与股东之间的代理冲突，进而增加企业的价值。

过度自信管理者较高的投资和并购需求，加上其建立起的强烈的融资优序意识，促使他们极为重视企业内部资金的留存。而股利政策会对内部资金的去留有重大影响。过度自信的管理者普遍推崇低股利政策（Ben – David 等，2006；黄莲琴等，2011；Deshmukh 等，2013）。并且，在融资约束越严重、过度投资水平越高的企业中，股息支付的可能性越低现金股利的发放更是少之又少（应惟伟等，2017）。

二、管理者过度自信的治理机制分析

管理者过度自信的治理可从影响自信程度的个体认知基础出发，选择相应的治理措施。女性高管过度自信的概率往往显著更低，通过增加女性高管任职比例利于改变管理层的内部融资偏好（李世刚，2014）；宗教信仰中的佛教思想作为一种社会规范减弱了管理者过度自信水平，可有效抑制企业过度投资行为（杜兴强、塞薇等，2016）；过度自信的管理者通过对过去经营决策经验和新知识的不断学习，逐渐修正自身的认知偏差，可减少过度自信发生的可能性（Frank，

1988；Fraser 和 Greene，2006），并提高投资项目的成功概率和企业的并购绩效（吴超鹏等，2008；Gervais 等，2011）。

企业层面的治理机制覆盖了诸多方面。如果董事会能有效地监督公司，将使管理者过度自信的倾向降低（Borokhovich，2005）。特别是当董事具有较高的独立性时，董事会对管理者过度自信行为可能带来的消极影响的治理效应更为显著（Malmendier 和 Tate，2004；江伟、黎文靖，2009；kolasinski 和 Li，2013；陈夙、吴俊杰，2014；李莉、关宇航、顾春霞，2014）。管理层权限能够调节过度自信与管理者对待纠正性反馈的态度之间的关系，影响管理者预测的准确性（Chen 等，2015）。董事长和总经理两职分离的治理结构有利于限制管理者的机会主义行为、减轻其控制幻觉（李莉、关宇航等，2014），弱化管理者过度自信所驱动的投资与并购活动（雷辉、吴婵，2010）。在股权结构方面，提高股权集中度可以减少由管理层过度自信所驱动的并购（李佳，2016；朱磊等，2016），提高股权制衡度也可能达到同样的效果（胡国柳、周德建，2012；李建英等，2017）。不同丰裕程度的自由现金流背景下，管理者过度自信将分别导致过度投资与投资不足（Heaton，2002；Malmendier 和 Tate，2003，2004，2005，2008，2015；Lin 等，2005），这充分说明了在管理者过度自信与企业投资的联结关系中，现金流充裕与否是一个极为重要的调节变量，企业内部自由现金流的减少可对过度自信管理者的过度投资行为产生显著的约束作用。会计稳健性在管理者过度自信与企业绩效之间也发挥了一定的调节作用（罗劲博，2014），能够限制部分管理者非理性行为的发生（胡国柳、周遂，2013）。另外，会计稳健性加速了监管层对坏消息认知和传播，使管理者更有可能尽早发现存在的问题，从而利于提升企业绩效（Hsu 等，2017）。

外部环境和制度背景也可以为管理者过度自信的治理提供思路。对于外部法律制度的治理作用，研究人员发现，通过萨班斯—奥克斯利法案后，美国企业中过度自信的管理者做出的投资决策的激进性明显减弱，并购绩效得到显著提升（Banerjee 等，2015）。而文化差异方面，并购双方文化距离可以显著降低管理者过度自信对企业国际并购绩效的负面影响（刘柏、梁超，2017）。

第二节 并购重组业绩承诺

2008年中国证券交易委员会发布的《上市公司重大资产重组管理办法》正式将股权分置改革时期业绩承诺的做法引入了上市公司的重大资产重组活动当中。由于并购重组业绩承诺问题的文献相对有限，本文选择对并购重组业绩承诺主要研究领域进行全面的梳理。

一、业绩承诺与并购溢价

业绩承诺制度导致并购溢价畸高、并购风险激增是研究文献较为集中的话题之一。有关业绩承诺对并购溢价的影响研究，基本都支持了"业绩承诺推高并购溢价"的结论。赵立新、姚又文（2014）认为，业绩承诺实质上属于一种强制性的单边对赌协议，这种协议很大程度上扭曲了并购交易的最终定价。吕长江等（2014）在考察业绩承诺问题与并购协同效应时指出，业绩承诺的存在显著提高了目标公司股东获得的并购溢价。张翼（2017）同样认为，业绩承诺对并购资产估值的高倍溢价有明显的助推作用。持相同观点的还有杨志强等（2017）、于成永等（2017）、潘妙丽等（2017）等。对并购溢价这一经济后果的关注还引发了研究人员对资产评估方法、过程、中介机构独立性、信息披露及监管等问题的拷问。张翼（2017）强调，应该加大对并购资产评估问题的监管力度，重视相关信息的披露。潘妙丽、张玮婷（2017）指出，并购中的资产评估方法、过程及评估机构独立性都不同程度存在多种问题，亟须采取措施完善评估方法及标准、优化业绩承诺制度、增强资产评估信息透明度、提高评估机构独立性。罗喜英、阳倩（2017）则希望监管部门能尽快针对第三方评估机构制定出相应的追责机制。

二、业绩承诺与股东财富、企业绩效

业绩承诺对股东财富、企业绩效的影响也是文献关注较多的一个话题。汤谷良等（2006）的研究认为，业绩对赌可以大幅降低机构投资者的代理成本、控

其投资风险,并能有效激励管理层股东快速提升公司绩效。陈瑶、杨小娟(2016)的研究结论与之类似,他们指出,资产重组中业绩承诺行为的存在给管理层施加了更多压力,能够促使其更加努力地提升业绩。高闯等(2010)通过对比苏宁环球与世荣兆业的并购重组业绩承诺及其实施情况,证实了业绩承诺及补偿制度可在一定程度上保护中小投资者的利益、改善上市公司经营状况。吕长江等(2014)以并购协同效应为切入点,分别考察了上市公司和目标公司股东收益后认定,在并购重组活动中引入业绩承诺补偿制度后,并购的协同效应水平得到了显著的提升,业绩补偿承诺增加了上市公司(收购方)的公告收益。荣麟、朱启贵(2018)的研究也得到类似结论。而沈华玉、林永坚(2018)在关注业绩承诺制度引起的投资者反应的同时,还进一步证实了业绩承诺对收购方长期绩效产生了正向影响。简冠群等(2019)发现了业绩承诺与并购交易价值创造力的倒 U 型曲线关系,同时他们还指出,企业的研发投入在二者关系中具有部分中介效应。杨志强、曹鑫雨(2017)选择将业绩承诺问题与混合所有制改革联系起来分析,他们发现,业绩补偿承诺利于提升混改的协同效应,使混改双方在并购交易中实现了"共赢"。饶茜、侯席培(2017)关注了业绩承诺期满后上市公司的业绩表现,其实证分析显示,业绩承诺期满后上市公司的经营业绩反转现象十分普遍。

黄小勇等(2018)以及张辉(2018)采用了案例研究的形式分析了业绩承诺无法足额完成而引发的股东财富风险问题。一篇与业绩承诺激进程度相关的文献来自关静怡和刘娥平(2019),他们的研究结果表明,业绩承诺增长率越高,上市公司股价崩盘的风险越大。

有部分学者比较细致地考察了业绩承诺协议的具体条款与并购绩效的关系。饶茜、侯席培(2017)检验了业绩承诺补偿方式、承诺到期与否、达标与否对收购方绩效的影响后发现,业绩承诺的到期伴随着收购方业绩的反转;业绩的达标意味着收购方业绩更好;获得股份补偿的上市公司业绩表现更抢眼。饶艳超等(2018)从业绩承诺协议的具体内容出发,验证了双向业绩承诺、股份补偿方式以及减值测试条款对目标公司的激励效应。在补偿方式与收购方业绩的关系分析中,赵立新和姚又文(2014)、窦炜和方俊(2018)同样支持"股份补偿对收购方业绩提供了更多保障"的观点。

第三节 财务顾问声誉与并购

财务顾问的专业技能和执业经验在减少并购交易的信息不对称程度问题上发挥了重要的作用（Hunter 和 Jagtiani，2003），他们在并购方案上给予的专业意见和建议有助于提高并购交易的完成率（Schiereck 等，2009；Wang 和 Whyte，2010）。大部分学者认为，财务顾问的声誉与他过去的表现相关（Chemmanur 和 Fulghieri，1994；Walter 等，2008；Ismail，2010），因此，文献基本以财务顾问在并购咨询服务市场中占有的市场份额来衡量财务顾问的声誉，市场份额越大，声誉越好。但声誉的高低是否会影响到并购交易中财务顾问的选聘、高声誉的财务顾问是否为客户带来了更好的并购绩效表现，这两个问题在目前的研究中是存有争议的。

一、财务顾问声誉与财务顾问的聘用

并购交易中财务顾问的聘用一般受交易的复杂程度、交易类型、收购人的并购经验、并购交易的市场环境等多方面因素的影响（Servaes 和 Zenner，1996；孙轶、武常岐，2014）。在缓解信息不对称程度、降低并购交易风险方面，财务顾问确实发挥了积极的作用（Basu，2011），他们还可能为并购方压低了目标资产成交价格、争取了更大的协同效应（Kesner 等，1994；Pablo 等，1996）。但高声誉的财务顾问是否会更受客户欢迎，既有研究得到的结论并不一致。

Servaes 和 Zenner（1996）的研究指出，交易成本是决定财务顾问选择结果的主要因素，其次是合约成本和信息不对称成本，财务顾问的声誉并不是显著影响其是否被聘用的关键因素。Golubov 等（2012）的研究也认为，信息不对称程度是决定聘用财务顾问的关键因素。Rau（2000）发现，财务顾问的市场份额与财务顾问收取的或有费用以及财务顾问过去完成交易的百分比正相关，而与财务顾问过去建议的收购方的业绩表现无关，这在一定程度上证实了客户在选聘财务顾问时，并不是特别重视财务顾问提供的服务对客户绩效的影响。

Sibilkov 和 McConnell（2004）则得到了与先前研究相反的结果。他们的实证研究结果表明，财务顾问先前的客户表现是未来收购者是否选择其作为顾问以及财务顾问在咨询业务中所占市场份额的重要决定因素。

Forte 等（2010）利用 1994～2003 年欧洲完成的 473 项并购交易数据，分析了影响并购中目标公司财务顾问选择的因素。他们提供的证据表明，财务顾问的聘用取决于三个主要因素：其一，先前财务顾问与客户之间关系的强度；其二，收购方所聘请的财务顾问的声誉；其三，并购交易的复杂程度。

二、财务顾问声誉与并购绩效

有关财务顾问声誉对并购绩效的影响研究出现了三种不同的研究结论，有学者认为高声誉的财务顾问能够为客户带来更大的并购收益，而有学者则发现财务顾问声誉的高低与客户并购后的业绩表现并无显著的相关性，更有部分研究人员提供的证据表明聘用了高声誉财务顾问的收购方获得了显著变低的并购绩效。

（一）财务顾问声誉与客户的并购收益正相关

Kale 等（2003）研究了财务顾问声誉与并购交易中股东财富（收购方与目标方 CAR 总和及各自所占份额）的变化之间的关系。研究证实，委托人聘用的财务顾问的相对声誉越高，在收购中获得的总收益越大，占有的收益份额也越多。他们指出，部分研究没能发现财务顾问声誉可在收购方财富收益中发挥作用的一个重要的原因是，这些研究未能同时控制目标方聘用的财务顾问的声誉。

Golubov 等（2012）以财务顾问完成的交易额计算其市场份额后再进行排名的方式对财务顾问的声誉进行了度量，研究了财务顾问声誉对收购方并购收益的影响。研究证明，顶级财务顾问为收购公司股东创造了更大的价值，而这种价值创造源于他们具备更强的协同组合识别能力、更善于捕获并购的协同增效作用。当然，顶级财务顾问服务的价格更高，他们收取了更多的咨询服务费用。

Kai‑Shi Chuang（2014）将并购交易样本按所属时间划分为正常时期和危机时期两大类，结果显示，由声誉良好的财务顾问建议的收购方在正常时期的绩效表现不佳，但在危机时期的表现却恰恰相反。这表明，高声誉的财务顾问可能在危机时期更有能力为客户提供优质的咨询服务。

Bi 和 Wang（2018）采用了市场份额法描述财务顾问的声誉，当财务顾问的市场占有率达到30%以上时被定义为顶级财务顾问，否则为非顶级顾问。他们的研究表明，顶级财务顾问有助于提高客户的运营绩效、降低投标溢价。Song等（2013）研究也发现，"精品"财务顾问服务的并购交易中目标资产的溢价较低，它们促成了更有利的交易结果。Boone和Mulherin（2008）认为，顶级财务顾问既有助于收购方提高收购绩效，也利于目标方获得高倍溢价。

（二）财务顾问声誉与客户的并购收益无显著相关性

Servaes和Zenner（1996）研究了美国1981年至1992年财务顾问在并购交易中的作用。在将财务顾问分成一级和二级两大类别之后，他们发现，财务顾问声誉与收购方的股东财富（并购公告对应的超额累计收益率）并没有关系。然而，Servaes和Zenner（1996）也承认，他们的研究仅仅关注了每年规模最大的收购，而这可能不能代表所有交易。Schiereck等（2009）通过研究财务顾问声誉与财富效应之间的关系时表示，高声誉与低声誉顾问带来的财富效应并没有显著的差异。Chuang（2014）探讨了财务顾问品质与股东财富在银行合并业务中的关系，发现财务顾问声誉对收购方股东财富有重大影响，但对目标公司没有影响。

Sibilkov和McConnell（2014）指出，只有在收购完成后，客户才会向财务顾问支付超过80%的咨询费，而这些费用并不取决于交易是否为客户创造了价值。因此，财务顾问的声誉和客户股东获得的回报之间不应存在关联关系。

Bowers和Miller（1990）研究了收购人股票收益与财务顾问选择之间的关系，调查了顶级财务顾问是否在创造价值方面表现更为出色。他们发现，当目标方或收购方使用顶级财务顾问时，收购方和目标方股东的总财富收益都较大。但是，如果收购方雇用顶级财务顾问，他们的业绩并没有比目标方更好。另外，Bowers和Miller（1990）的研究也没有获得充分的证据证实顶级财务顾问能为收购谈判带来卓越的谈判技巧。同样地，Schiereck等（2009）的研究结果也并不支持"选择顶级财务顾问比选择普通财务顾问获得了更高的回报"这一观点。Forte等（2010）也获得了类似的研究结论。

（三）财务顾问声誉与客户的并购收益负相关

Rau（2000）表示，顶级财务顾问服务的收购方在要约收购的公告中获得了较高的超额回报，但与较低级别财务顾问服务的收购方相比，这类收购方在合并公告中获得的超额回报则更低。

Walter 等（2008）检验了并购交易中财务顾问声誉和客户绩效的关系。他们的研究结果表明，高声誉的财务顾问收取了更高的并购咨询费，同时也能促成并购交易更快地完成，但高声誉财务顾问的优势并不体现在增加交易完成的可能性或向客户提供更大的超额回报方面。Michel 等（1991）研究了财务顾问在提供收购建议方面的表现后也表示，声誉高的财务顾问有能力发现更好的合并，但不提供任何议价优势。他们提出，客户的业绩不会直接随其财务顾问的声望而变化，甚至聘用低声誉财务顾问的收购方不仅支付的咨询服务费用明显更低，还享有更高的公告期超额收益。

Hunter、Jagtiani（2004）研究发现，顶级财务顾问比普通财务顾问更有可能完成，且在更短时间内完成并购交易。然而，顶级财务顾问的聘用伴随着收购方并购协同收益的下降。McLaughlin（1992）认为，声誉高的财务顾问往往索要了更高的咨询服务费用的溢价，这将减少收购方的并购收益，收购方聘请的财务顾问的声誉与收购方获得的回报之间呈负相关关系。Allen 等（2004）同样发现，聘用顶级财务顾问的收购方获得了更低的回报。

Ismail（2010）以 6379 宗美国并购交易事件为样本，分析了财务顾问声誉与顾问服务结果（并购公告后客户股东财富的变化）的关系。他们宣称，二级财务顾问创造价值的能力高于一级财务顾问。一级财务顾问服务的收购方获得了负向的公告收益，而二级财务顾问帮助其客户获得了正向的公告收益。他们认为，高质量的财务顾问由于在并购市场上拥有卓越的专业知识，能够找到更好的并购目标，但他们并未给股东创造更大的运营和财务协同效应。

第四节 股权制衡

La Porta 等（1999）、Claessens 和 Djankov（1999）、吴世飞（2016）的研究均证实，上市公司存在超级大股东、股权高度集中是一种更为普遍的现象。Berle 和 Means（1932）最早有关股权结构的分析认为，股权越集中，公司绩效表现越差。Jensen 和 Meckling（1976）指出，股权高度集中时，大股东与其他中小股东之间的利益冲突会表现得更为突出。Shleifer 和 Vishiny（1986）提供的证据表明，公司所处的法律环境较为完备是大股东能够从一定程度上抑制内部人控制问题的前提条件，否则，大股东极易侵占中小股东利益。因此，如何避免或减弱股权集中带来的负面效应成为公司治理研究关注的焦点之一，股权制衡问题逐渐进入了研究人员的视野。

股权制衡意指多个大股东相互牵制，单一大股东无法独自掌控公司的重大决策。多个股东间的监督和制约可以有效地限制大股东对中小股东利益的肆意掠夺，降低公司的第二类代理成本（Bennedsen 和 Wolfenzon, 2000）。同时，如果股权制衡能有效阻断大股东与管理层的合谋，解决内部人控制问题，公司就有可能形成更好的内部治理机制，利于相关约束与激励机制作用的发挥，进而增强管理者决策及行为与公司利益的一致性（Jayati 和 Subrata, 2000）。

当前有关股权制衡的文献主要集中讨论了三个方面的问题：①股权制衡与公司价值或绩效的关系；②股权制衡与公司治理效率的关系；③股权制衡效果的影响因素。

一、股权制衡与公司绩效或价值

股权制衡与公司价值或绩效的文献实际上将研究的落脚点选在了股权制衡的最终效果上。相关研究在这一问题上得出了两种不同的结论。有学者认为，股权制衡于公司价值或绩效的提升有正向促进作用；而有的学者则认为，股权制衡会造成效率损失，不利于公司价值的创造或绩效的改善。

支持提高股权制衡度的学者认为，股权制衡可在一定程度上减少由于股权过度集中而导致的控股股东侵害中小股东利益的问题，有助于提升公司价值（Shleifer 和 Vishny, 1986；La Porta 等, 1999；邓建平等, 2006）。王晓巍、陈逢博（2014）提供的证据表明，第一大股东对企业的绝对控制不利于公司价值的提升，制衡股东的存在能够缓解第一大股东霸权给公司价值造成的负面影响。而 Laeven 和 Levine（2005）指出，第二大股东与第一大股东持股比例越接近，越有利于提高公司价值。陈信元和汪辉（2004）认为，相比于其他类型的公司，股权制衡型公司的价值显著更高，但是，我国上市公司具备鲜明的股权高度集中的特征，真正能够实现股权制衡的公司在数量上是偏少的。陈德萍等（2011）也表示，股权制衡确实有助于改善公司绩效，他们还进一步提出，可以借助股权制衡这一治理机制，提升我国上市公司的治理效率。

持相反观点的学者们则表示，股权制衡带来了公司经营效率的损失，对公司绩效产生了消极的影响。徐莉萍等（2006）在考察了我国上市公司的股权制衡情况对公司经营绩效的影响后发现，过高的股权制衡度事实上阻碍了公司的经营绩效的改善。赵景文等（2005）对比分析了股权制衡型公司与"一股独大"型公司之间的经营业绩差异，他们发现，股权制衡型公司的经营业绩显著弱于"一股独大"型公司，意欲借助股权制衡来改善"一股独大"型公司的经营业绩的思路并不一定是有效可行的。针对这一问题，张光荣、曾勇（2008）指出，一方面，股权制衡机制能够在一定程度上抑制大股东的侵占行为，保护小股东利益；另一方面，股权制衡也会产生决策效率的损失、拖累公司的经营绩效，股权制衡程度依赖于增进公平和损失效率的权衡结果。

二、股权制衡与公司治理效率

股权制衡与公司治理效率的关系研究体现出了研究人员在对股权制衡与公司绩效或价值关系的路径或作用机理进行探寻时所做的努力。有关研究同样没有获得完全一致的结论。部分文献的结论支持股权制衡提升公司治理效率的观点，而部分文献则与此相反。

Shleifer等（1986）表示，股权制衡提高了控股股东侵害中小股东利益的操作成本，是一种较为有效的控股股东行为监督机制。Bennedsen和Wolfenzon（2000）强调，股权制衡能够在某种程度上形成对控股股东及管理者行为的制约，强化对控股股东与管理层合谋的监督力度，能够显著降低控股股东对中小股东利益的侵占和管理者的不理性行为发生的概率。而Pagano和Röell（1998）、Jayati和Subrata（2000）均认为，如果股权制衡能够有效抑制控股股东与管理层合谋，借助股东之间的相互牵制减少大股东攫取的控制权私利，公司的内部治理机制将得到优化，这种制度安排事实上更符合公司的长远利益。Gomes和Novaes（2006）的研究借助相关理论模型证实，多个大股东之间相互制约和监督确实能够对大股东掏空公司的行为形成有效的制约。唐清泉（2005）的研究证实，第二大股东能够在一定程度上抑制第一大股东掏空公司的行为。胡国柳、周德健

(2012)发现,在高股权制衡度的公司中,其制衡效果更好。持类似观点的还有吕怀立和李婉丽(2010)、汪茜等(2017)等。

而徐莉萍等(2006)、宋玉臣等(2015)、刘新民等(2016)则认为,股权制衡程度越高,公司治理效率越差,因为高度的股权制衡容易引发股东间的控制权争夺战,从而降低公司的治理效率。朱红军和汪辉(2004)借助宏智科技股权纷争的案例研究指出,股权制衡结构极易引发控制权的争夺而并不能显著提高民营上市公司的治理效率。焦健等(2017)提供的证据表明,股权制衡度与大股东掏空行为呈"U"型曲线关系。Maury和Pajuste(2005)更是提出,随着自身制衡能力的增强,其他大股东也可能会选择与控股股东共谋,一同侵害中小股东收益,监督还是合谋事实上取决于相关决策对应的收益权衡。

三、股权制衡效果的影响因素

既然股权制衡对公司治理效率的影响没有获得一致的结论,较多的学者们又对股权制衡效果的影响因素进行了挖掘,并取得了丰硕的成果。郝云宏、汪茜(2015)表示,股权性质、现金流权等众多因素均可能影响股权制衡的最终效果。

Maury和Pajuste(2005)指出,如果第二大股东与第一大股东身份不同,更有可能减少勾结并改善公司治理,第二大股东的银行或国家身份极其关键。Berkman等(2009)表示,上市公司中私人性质的非控股股东持股份额越高,控股股东侵占中小股东利益的可能性越低。刘星、刘伟(2007)的研究表明,在第一、第二大股东分别为国有和非国有股东的公司中,制衡效果显著,而在第一、第二大股东均为非国有股东的公司中,大股东间的"共谋"倾向更明显。涂国前和刘峰(2011)认为,国有股东制衡公司更可能被民营控股股东掏空,而民营股东制衡公司被民营控股股东掏空的可能性较低,不同性质的制衡股东制衡效果明显不同。陈信元和汪辉(2004)的研究显示,法人股身份的第二大股东比国有股身份的第二大股东起到了更有效的监督和制衡作用,相应公司的治理效率也更高。郝云宏和汪茜(2015)提出,股权制衡的动因与股东的股权性质直接相关;国有股东由于存在多层的委托代理关系,其责任意识较弱,而非国有股东的利益与公司利益的一致性更高,制衡动机更强,制衡效果更好。

朱滔(2007)则认为,不能简单地界定股权制衡的作用"存在"或"不存在",股权制衡的效果依赖于控制股东的最终所有权状态。控制权与现金流权分离程度高的公司中,股权制衡对控股股东掏空和侵占行为的约束作用显著;但控制权与现金流权分离程度较低的公司中,股权制衡容易引发大股东之间的拉锯争夺战,对公司绩效产生负面影响。

部分学者表示,股东之间的关系也会影响到股权制衡的效果。Jara – Bertin 等(2008)以11个欧洲国家的企业为样本,分析了大股东对企业价值的影响后发现,在家族企业中如果第二大股东是家族成员则会对公司价值产生负向影响,因为,这些家族企业的大股东(家族)经常与其他大股东或中小股东合谋;相反,作为第二股东的机构投资者增加了公司价值。陈信元和汪辉(2004)在研究股东之间的关系后指出,可能存在与内部人关系密切的外部股东,这些股东既不会处于信息劣势,与内部人也不存在相关的利益冲突,这些股东极有可能扮演了信息分享者和利益共同体的角色,而不太可能发挥制衡作用。赵国宇和禹薇(2018)表示,虽然股权制衡提高了公司投资效率、抑制了大股东掏空、改善了公司经营业绩,但是对于大股东控制力较强的公司,股权制衡的治理机制并未发挥显著作用;大股东可能与控股股东结成联盟、采取一致行动共同掏空公司,此时,股权制衡将难以发挥相应的治理作用。

第五节 文献述评

一、管理者过度自信研究文献的述评

过度自信源于人们的认知偏差,偏差的大小受到主体特质的影响,也与主体所处具体环境的特征紧密相关。企业的管理者居于权力和地位的中心,较普通个体更容易表现出过度自信。对管理者过度自信的研究选择将心理因素纳入对管理者行为及其经济后果的考察范畴,并努力发掘抑制其负面效应的治理机制,突破了原有主流研究中代理理论、权衡理论的理论基础,开辟了管理者行为影响因素、经济后果及治理机制研究的新视角,也为相关问题的研究提供了新方法、做

出了新解释。研究取得了丰硕的成果，其对心理学知识的跨界融合是一种极为有益的尝试与示范。

有关管理者过度自信的经济后果的研究主要关注了管理者过度自信对企业融资、投资决策的影响，并以此为基础发散至会计处理及信息披露、企业绩效、股利政策等相关方面。关于管理者过度自信的研究是对传统的代理理论和资本结构理论中权衡理论的一个很好的补充，提出了解释企业管理者经济行为的新视角。当然，这也是一个亟须进一步丰富的研究领域。可能的原因也有多个：首先，管理者过度自信存在的普遍性及内部信念与外部表现的一致性遭到了部分人的质疑，这与管理者过度自信的度量方法不无关系，这同时也意味着，应进一步加强对管理者过度自信的度量方法的研究，以保证研究结论的严谨性与科学性。其次，在经济后果的部分研究中产生了对立性的研究结论。研究结论的多样性可能与样本的抽样方法、规模大小，或者研究使用的具体论证分析方法有关，相关研究证据的补充有利于进一步厘清管理者过度自信与特定经济后果的关系。

有关治理机制的研究涉及如何更有效地抑制因管理者过度自信产生的系列负面效应。这部分研究实际是在研究管理者过度自信经济后果的基础之上，关注如何降低管理者过度自信水平，进而减少不利经济后果的具体路径。现有文献主要从管理者个人层面、企业层面、外部法律制度及文化环境层面探讨抑制管理者过度自信的措施和手段。管理者个人层面的治理机制包括性别特征、信仰特征和学习效应；企业层面的治理机制主要与股权结构特征、董事会特征、管理者赋权特征、内部资源禀赋特征及会计制度特征相关；外部法律制度及文化环境层面的治理机制则分别指向外部监管力度大小和文化差异大小两个方面。治理机制的研究显得相对薄弱，内容上尚未与影响因素的研究形成无缝对接，这就弱化了管理者过度自信研究各部分逻辑关系的严密性，可能的原因也有几点：第一，降低管理者过度自信水平并非易事。治理机制要发挥相当的作用，需要复杂的条件，而某些条件的提供对企业而言是极为困难的。第二，在特定情况下，企业对过度自信持肯定与鼓励的态度。企业利用管理者的过度自信获得了更大效用而支付了更少的成本，特别是利用管理者的信心鼓舞了士气，建立了愿景，实现了对管理者的自我激励。第三，管理者自身因过度自信的心理偏差而受益，尤其是当他们借此获取了显著的社会收益时，抑制管理者过度自信发生概率的组织安排和制度设计会遭到管理者的普遍抵制。

二、业绩承诺研究文献的述评

业绩承诺属于我国特有的一种经济现象,从最初的股权分置改革背景过渡到当前的重大资产重组交易背景,虽然相关制度的推行已经十年有余,但有关这一问题的研究尚处于起步阶段,研究文献的数量相对有限,研究视角的多元化仍需进一步拓展。

哪些因素促成了收购方和目标方在并购交易中达成针对目标资产未来盈利水平的业绩承诺协议,而哪些因素又导致交易双方选择不做业绩承诺相关约定?当前的研究对这一问题的关注极少。我们搜索到的文献中,基本都是股权分置改革背景下的研究成果。业绩承诺影响因素研究极为少见的一个重要的原因可能在于,重大资产重组背景下,业绩承诺出现之初带有显著的强制性色彩,业绩承诺几乎都可以视作并购交易双方迎合法律法规强制要求的结果。前期特殊的制度背景使得追踪业绩承诺或不承诺的影响因素的研究缺乏相应的现实意义。

但无法否认的是,即便是在2008年第一版的《上市公司重大资产重组管理办法》推行期间,不属于强制要求做出业绩承诺而自愿达成协议的案例也是确实存在的。更为重要的是,2014年11月23日重新开始实施的《管理办法》调整了强制性业绩承诺的具体要求,大量的重大资产重组并购交易已经不再属于强制签订业绩承诺协议的约束范畴。数据显示,自愿性业绩承诺的比例至此开始大幅攀升。这也就意味着,业绩承诺在业界被接受和认可的程度是比较高的,业绩承诺并非完全是政策高压下的产物。也正是因为这一点,对签订业绩承诺协议的影响因素进行探究就有了充分的现实意义。

与并购业绩承诺相伴而生的高倍溢价现象在现有文献中得到了广泛的讨论。有关这一问题的研究结论是基本一致的:业绩承诺的存在显著推高了并购交易中目标资产的溢价倍率。也就是说,业绩承诺并非是"免费的午餐",收购方必须为这种未来的保障提前付费。由于并购交易中目标资产的成交溢价率百分之几百甚至上千的情况都并不鲜见,许多文献开始对资产评估的相关问题,包括方法、流程、机构独立性等进行考察,提出了针对性的监管建议。

业绩承诺的实证研究主要聚焦于业绩承诺制度对公司绩效的影响这一问题

上。文献讨论了业绩承诺的公告效应,从短期绩效的角度证实了投资者对业绩承诺的肯定和认可。研究得到的一致结论是,存在业绩承诺的并购交易公告后,收购方股东获得了更高的超额收益。有文献还对业绩承诺与公司长期绩效的关系进行了验证,结果也证实了业绩承诺制度对公司长期绩效存有显著的正向影响。

可以明确的是,现有的业绩承诺研究切入点相当有限,尤其是业绩承诺的影响因素的研究亟待进一步丰富。同时,当前研究还没有区分业绩承诺的强制性与自愿性,而事实上,类别区分利于更准确地追踪交易双方真实意愿、探究业绩承诺影响因素。

三、财务顾问声誉研究文献的述评

财务顾问的声誉与财务顾问过去的交易行为紧密相关,文献基本都选择了以财务顾问在并购咨询业务中所取得的交易额为基础计算其占有的市场份额,然后依市场份额排名情况界定财务顾问的声誉。财务顾问在改善并购交易中的信息不对称问题上发挥了重要作用。有关声誉是否会影响到并购交易中财务顾问的聘用,文献得到了并不一致的研究结论;同时,在财务顾问声誉与客户之后的绩效表现是否相关这一问题上也一直存有争议。

有研究认为,客户在选择财务顾问时会重点考虑的因素包括并购交易的复杂程度、自身业务经验的丰富程度、信息不对称的程度等。对于与财务顾问相关的因素,则会重点关注财务顾问的收费安排、财务顾问在以前并购咨询服务中的交易完成百分比,甚至与客户的关系也会影响到财务顾问的选聘结果,但是,客户并不会将财务顾问之前客户的绩效表现作为选聘财务顾问的决定性因素来看待。也有研究提出,客户选聘财务顾问时非常重视财务顾问咨询服务后的绩效表现,财务顾问声誉的高低会显著影响客户的财务顾问选择结果。

高声誉的财务顾问是否可以给客户带来更抢眼的绩效表现?现有的相关研究得出了三种完全不同的结论:①财务顾问的声誉与并购完成后客户的绩效显著正相关,即声誉越好的财务顾问就会为客户创造越多的财富和价值;②财务顾问的声誉与并购后客户的绩效没有相关性,声誉的高低并不能显著影响客户之后的绩效水平;③财务顾问声誉与客户的并购绩效显著负相关,财务顾问声誉越高,客户获得的回报反而越小。

研究争议的存在说明财务顾问声誉对公司决策、公司绩效的具体影响仍需得到进一步的检验。已有的文献虽然比较集中地关注了财务顾问声誉与并购绩效的关系，但对财务顾问声誉影响并购绩效的作用机理的剖析明显偏少。而从具体的传导机制入手很可能更有助于揭示财务顾问声誉的真容。

四、股权制衡研究文献的述评

股权结构安排是公司治理研究无法回避的核心问题。分散的股权结构会助长股东的"搭便车"心理，内部人控制及管理层的道德风险等问题可能因股东有效监管的缺失而变得更为严重，但过于集中的股权结构又会给大股东侵占中小股东利益提供更多便捷，管理层和大股东合谋掏空公司的情况时有发生。因此，一定程度的股权集中，同时又存在能够牵制控股股东的其他大股东的制衡式股权结构成为了解决问题的重要路径。

股权制衡存在的终极目标应该是改善公司的业绩和公司的提升价值。对股权制衡与公司绩效或价值的关系研究中，既有文献所得结论不尽相同。部分文献观测到了股权制衡与公司绩效或价值的正相关关系，股权制衡度越高，公司的绩效表现越好或是价值越大。而部分文献的实证结果却表明，股权制衡度越高，公司的绩效或价值呈反方向变化。

对股权制衡与公司治理效率的关系研究同样出现了不同的结论。一种观点认为，股权制衡能够强化对公司的控股股东和管理层的监督，抑制二者合谋，并对控股股东攫取控制权私利的行为形成有效的约束；股东的制衡能力越强，牵制约束控股股东和管理层的效果就越显著，公司的治理效率就越高。与之对立的观点则认为，股权的制衡，尤其是高度的股权制衡极易引发制衡股东与控股股东的控制权纷争，双方的混战加剧了公司的资源消耗，公司的治理效率不仅不能得到提升，反而被显著拉低。

研究股权制衡效果影响因素的文献主要关注了股权性质、现金流权与控制权分离程度、股东关系等问题对股权制衡效果的影响。还有文献提出，制衡的效果事实上取决于制衡收益与共谋收益的权衡结果。

可以肯定的是，股权制衡的上述研究均没有得到完全一致的结论。主要的原因可能在于研究视角的差异。现有文献对股权制衡机制的作用机理和路径研究尚留有较大的拓展空间。进一步丰富作用机理和相关路径的研究可以为股权制衡机制的最终效果提供更为直观和准确的解释，利于为股权制衡机制更好地发挥治理作用创造条件。

第三章　管理者过度自信与业绩承诺协议的订立

有文献从信息披露视角讨论了并购重组业绩承诺协议订立、补偿执行的会计处理问题（余芳沁、薛祖云，2015；谢纪刚、张秋生，2016），还有文献考察了并购重组业绩承诺的经济后果，如与并购重组业绩承诺相伴而生的"高倍溢价"问题。部分研究认为，并购重组业绩承诺机制的存在一定程度上扭曲了并购交易的定价体系（赵立新、姚又文，2014），显著提升了并购交易的溢价倍率（吕长江等，2014；于成永、于金金，2017；杨志强、曹鑫雨，2017；张翼，2017）。由此，研究人员对资产评估方法、过程、中介机构独立性、信息披露及监管等现象提出了质疑（潘妙丽、张玮婷，2017；罗喜英、阳倩，2017）。业绩承诺能否真实有效地为上市公司并购后的绩效提供更多的保障也是一个被较多提及的话题。相关研究认为，业绩承诺显著提高了并购交易双方的股东收益（吕长江等，2014），这一交易制度在改善上市公司财务状况和经营业绩的同时，在一定程度上保护了中小投资者利益（高闯等，2010）。业绩承诺的存在还将刺激管理层股东快速提升公司业绩（陈瑶、杨小娟，2016），节约组织交易成本和所有权成本，利于推进混合所有制改革的顺利实施（杨志强、曹鑫雨，2017）。有研究还发现，业绩承诺对上市公司业绩的提升作用在承诺期满后消解迅速，上市公司随后的经营业绩出现了明显的下滑（饶茜、侯席培，2017）。

可以看到，现有文献并未对是否签订业绩承诺协议的决策问题给予足够的关注。可免于业绩承诺的并购交易双方出于何种理由选择或者回避了最终的业绩承诺协议？受制于目标方信息披露的有限性，本书选择从收购方寻找问题的答案。

并购活动的过程往往相当复杂，交易涉及的情境要素众多，作为并购活动的发起人和执行者的收购方管理人员，处于交易决策的中心位置，直接影响着交易进程、走向及相关契约的订立。过度自信是企业管理人员一种较为常见的心理状态（Weinstein，1980；Baron，2000），大量研究已经证实，这一认知偏差会显著影响企业并购交易的诸多细节，涉及并购频率、支付偏好、并购溢价、业绩表现等方面（Roll，1986；Hayward 和 Hambrick，1997；Doukas 和 Petmezas，2007；Malmendier 和 Tate，2008；Andreou 等，2012；Ferris 等，2013；Meikle 等，2016），这一心理特征极可能也会影响到业绩承诺协议的订立。

因此，本书选择从管理者过度自信这一视角，以重大资产重组事件中上市公司为收购方的并购交易为研究样本，尝试找到业绩承诺行为发生的具体原因。

第一节　理论分析与假设提出

依据有限理性理论的观点，真实决策过程中的决策人无法保持完全理性。因为周遭的环境因素尤其是社会环境是相当复杂的，想要获得完备的环境信息并准确高效地实施加工整理是极为困难的。而且，决策人的资源禀赋存在边界限制，备择方案的选择余地也有限。更重要的是，决策人既有的知识结构都存在某些缺陷，人脑对信息的接收和处理无法突破基础的生物机能约束，决策主体只能选择在既有条件下，以"满意"为基本的决策原则，尽可能做到决策的过程理性。这种决策模式将引发重大的负面效应——决策主体聚焦问题的广度降低、视野受限，决策人没有能力不计成本代价完成对所有信息的甄别、验证，决策过程将更大程度地受到决策人心理特征的影响。鉴于心理学已经取得的研究成果证实了管理者过度自信存在的普遍性和结果的稳健性（Alicke 等，1995；Da Silva 等，2015），这一心理特征对决策的影响将无法避免。

过度自信理论被誉为是心理学近年来一个最为稳健的研究发现（De Bondt 和 Thaler，1995）。这一理论的核心内容是研究人类在社会活动中表现出来的过高估计、过高定位、过分精确三种典型心理特征的成因、表现及后果。研究表明，对于自认为处于自己能力控制范围内以及自己高度参与的事情的结果，人们确实更容易表现出过度自信（Weinstein，1980）。由于管理人员在企业的经营活动中扮演着组织者和领导者的角色,这可能给管理者造成"控制幻觉"(Control Illusion)(Langer,1975;March 和 Shapira,1987),使其过高估计自己对事件结果的掌控程度,从而更易表现出过度自信。心理学相关研究也已经证实,企业经理们的过度自信表现得尤为突出(Larwood 和 Whittaker,1977;Svenson,1981;Alicke 和 Yurak,1995;Meikle 等,2016)。

一、管理者过度自信与是否签订承诺协议

偏爱冒险、过分乐观的个人特征强化了过度自信的管理者对目标资产盈利能力的信念,导致其在目标资产业绩预测的过程中极易产生乐观性偏差,高估目标资产未来的业绩表现(Heaton,2002;Hribar 和 Yang,2010;Hilary 和 Hsu,2011;操巍等,2017)。Lin 等(2008)以及 Lee 等(2017)的研究同样提供了充分的证据来证实过度自信管理者盈利预测上偏的普遍性。与此同时,已有的成功经验辅以有偏的自我归因进一步支撑了管理者"优于平均"的自我认知(Daniel 等,1998;Gervais 和 Odean,2001;Billett 和 Qian,2008;Gloede 和 Menkhoff,2014),促使过度自信的管理者在并购目标的选择和具体协议订立上的决策表现得更为激进,并乐于为此承担更大的风险(Goel 和 Thakor,2008;余明桂等,2013)。以上因素的共同作用最终可能显著降低过度自信的管理者主动要求签订业绩承诺协议的概率。

而且,业绩补偿承诺这种"暖心售后"过于昂贵,过度自信的管理者存在显著的拒绝额外付费的倾向。实际并购交易中,业绩承诺协议的订立往往会显著扭曲目标资产交易价格(赵立新、姚又文,2014),形成并购交易的"高倍溢价"现象(于成永、于金金,2017;张翼,2017;杨志强等,2017)。潘妙丽等(2017)的研究显示,在 2015 年的上市公司重大资产并购重组交易中,签订业绩补偿协议的并购事件中目标资产并购溢价率均值达 577%,而未签订补偿协议组对应的目标资产溢价率均值为 444%,这种差距在部分行业中甚至达到了 200%~300%。并购中的高倍溢价将大幅抢夺后期持有目标资产的净收益空间。并购溢价倍率越高,并购后运营中企业面临的财务负担越重,从中获益的难度就越大(Mandelker,1974;Dodd,1980)。当过度支付导致并购对价完全挤占了交易的利得时(Hayward 和 Hambrick,1997;Flanagan 和 O'Shaughnessy,2003;Porrini,2006),并购活动极易将收购方拖入财富毁损的泥潭(Varaiya 和 Ferris,

1987；Sirower，1997；Mueller 和 Sirower，2003；Goergen 和 Renneboog，2004）。在并购交易双方可以自主协商是否需要业绩承诺时，不签订业绩补偿协议可有效降低并购成本，为收购方争取更大的利益空间。而且，在压缩并购交易成本的问题上，过度自信的管理者与收购公司股东的立场是一致的。管理者过度自信理论与传统的代理理论有着显著的不同，该理论本质上关注的是管理者行为的不完全理性，它并不强调管理者与股东利益的矛盾性，甚至过度自信的管理者相信自己与股东的利益是一致的（Roll，1986；Malmendier 和 Tate，2008）。也就是说，在并购重组交易中，过度自信的管理者是股东降低并购对价支付诉求的执行者和捍卫人，他们同样支持尽可能减少并购对价的支付，进而在对目标资产绩效有极大信心的前提下他们更有可能拒绝为业绩承诺埋单。

另外，过度自信管理者独有的投融资偏好将导致他们会对企业的资源使用自动设限，增大其拒绝业绩承诺的可能性。被业绩补偿承诺推高的并购对价意味着收购方需要为目标资产的取得而支付更多的真金白银。而无论选择发行股份还是支付现金，过度自信特质的管理者有更多拒绝的理由。原因在于，过度自信的管理者坚持认为，资本市场及外部投资者对本公司的风险证券估值偏低（Shefrin，1999；Heaton，2002；Oliver，2005），他们往往不愿意借助增发股份的融资形式来完成投资或并购支付（Malmendier 和 Tate，2005；Lin 等，2008；Malmendier 等，2011），这造就了过度自信管理者显著的现金支付偏好。同时，过度自信的管理者乐于不断推高公司的投资水平、频繁发起并购（Malmendier 和 Tate，2005；姜付秀等，2009；Gervais 等，2011），对现金流的需求常常居于高位，他们极为重视企业内部资金的留存。部分并购业务对现金流的过量消耗就意味着可能造成后期其他投资、并购项目的资金紧张和短缺，进而限制其投资并购机会。所以，过度自信管理者的投融资偏好进一步增大了其拒绝业绩承诺协议的可能。

基于以上分析，本书提出以下假设：

假设 3.1：管理者过度自信的收购方签订业绩承诺协议的可能性更小。

二、管理者过度自信与业绩承诺增长率

业绩承诺增长率的概念是潘爱玲等（2017）提出来的，表示本年业绩承诺额相比上一年业绩承诺额增长的比率。这一指标可以度量业绩承诺的水平，业绩承

诺增长率越高，表示目标资产的发展前景越好。

过度自信的理论和相关实证研究均表明，过度自信的管理者因为对个人能力和知识准确性的不当定位和估计，在对目标资产未来业绩表现进行预测的过程中容易发生乐观性偏差。这种乐观性的偏差容易造成过度自信的管理者对业绩承诺的增长率期望过高。而根据高阶理论的观点，过度自信这一认知偏差将影响到管理者的相关决策，并最终体现在公司的决策层面。因此，管理者的过度自信很可能导致业绩承诺协议对目标资产未来业绩水平的约定过分乐观，从而使业绩承诺表现出更高的增长率。

但同时，也是由于乐观预期，过度自信的管理者可能选择拒绝业绩承诺的高增长率。主要的原因在于获取业绩承诺的"成本"。业绩承诺水平越高，目标资产的交易价格也必然随之升高（杨志强等，2017；潘妙丽等，2017）。管理者想要获得高增长率的业绩承诺，意味着必须付出更高昂的并购成本。过度自信的管理者在对自己选择并经营管理目标资产的能力相当自信的情况下，很有可能出于节约并购成本的考虑而拒绝额外付费才能获得的业绩承诺高增长率。并购成本的节约不仅利于彰显管理者在资产接管技能上的"卓越性"，而且能为后期资产的运营和价值创造打下良好的基础，有助于管理者建立和维护自身声誉，获得更高的薪酬回报、争取更大的职业发展空间。

因此，管理者过度自信与业绩承诺增长率的关系可能是不确定的。本书对二者的关系提出两个对立性的假设：

假设3.2a：收购方管理者过度自信时，业绩承诺增长率更高；

假设3.2b：收购方管理者过度自信时，业绩承诺增长率更低。

第二节 研究设计

一、研究样本与数据来源

选取2008年5月18日至2017年底沪深两市A股上市公司为收购方的所有重

大资产重组事件为研究样本。本书所用重大资产重组信息以 Wind 数据库发布的信息为基础,然后依如下标准进行初次筛选:①首次公告日不早于 2008 年 5 月 18 日;②并购完成日或目标资产过户日不晚于 2017 年 12 月 31 日;③重组进度为"完成"或"过户";④上市公司为目标资产的收购方。对于满足以上标准的重大资产事件,利用上市公司发布的相关公告进行校验,删除了非重大重组样本和资产出售的样本。业绩承诺相关数据经手工整理上市公司公告后获得。数据进一步筛选时:①删除收购方或目标资产属于金融、保险业的样本;②删除相关信息不全的样本;③删除资产负债率大于 1 的样本。最终所得样本的构成及分布如表 3 - 1 所示。

表 3 - 1 样本分布情况

	总样本	过度自信		未过度自信	
		样本数	占比(%)	样本数	占比(%)
有承诺	780	352	45.128	428	54.872
未承诺	145	86	59.310	59	40.690
合计	925	438	47.351	487	52.649

文中使用的业绩承诺信息、资产评估机构信息以及提供目标资产财务报表审计服务的会计师事务所信息均经手工整理上市公司(收购方)发布的经核准后的资产交易报告书后获得。在整理出并购交易聘请的会计师事务所和资产评估公司名单后,利用中国注册会计师协会官网发布的会计师事务所年度收入排名及综合排名信息分析处理后得到审计机构规模数据;利用中国资产评估协会官网发布的资产评估公司年度业务收入排名和综合排名信息分析处理得到资产评估机构规模数据。衡量管理者是否过度自信所用的薪酬信息、上市公司(收购方)的财务数据、产权性质、股权结构等信息均来自 CSMAR 数据库。并购交易类型信息来自 Wind 数据库。

二、变量定义与模型设定

(一)变量定义

1. 业绩承诺协议的签订

借鉴吕长江等(2014)、沈华玉和林永坚(2018)的做法,以虚拟变量

Promiseyn 定义是否签订业绩承诺协议,签订协议时变量取值为1,否则取值为0。

2. 业绩承诺增长率

采用连续变量 *Promlevel* 定义业绩承诺增长率,取承诺期内业绩承诺年增长率的均值。借鉴潘爱玲等(2017)的做法,该变量的计算步骤如下:①计算业绩承诺期内的年度业绩承诺增长率,计算公式为:本年度业绩承诺额÷上一年度业绩承诺额。②计算业绩承诺期内的年度业绩承诺增长率的均值。对于承诺期仅为1年或者无承诺的样本,该变量直接取值为0。

3. 管理者过度自信

定义企业管理者过度自信的方法有多种:Hayward 和 Hambrick(1997)提出了相对薪酬法,何威风等(2011)也以管理者薪酬为基础对管理者是否过度自信进行定义;Malmendier 和 Tate(2005)提出了管理层推迟股票期权行权法;Lin 等(2005)提出了盈利预测偏差法;Brown 和 Sarma(2007)提出了主流媒体评价法;余明桂(2006)提出了行业景气指数法;Doukas 和 Petmezas(2007)提出了并购频次法。

本书衡量收购方管理者是否过度自信的变量 *overcon* 为虚拟变量。鉴于数据的可得性,本书借鉴何威风(2011)预测管理者薪酬的做法。以上市公司前三名管理者的薪酬之和除以全部管理者的薪酬总额计算的相对薪酬为基础,利用模型(3-1)的形式对收购方相对薪酬的值(*compensaction*)进行估计,将收购方相对薪酬实际值与估计值进行比较后得出相对薪酬的残差,然后计算相对薪酬残差的年度行业均值,最后将单个样本的薪酬残差与薪酬残差的年度行业均值进行比较,高于年度行业均值即定义为管理者过度自信,对应的取值为1,否则取值为0。

$$compensation = \alpha_0 + \alpha_1 size + \alpha_2 lev + \alpha_3 roe + \sum IND + \sum YEAR + \varepsilon$$

(3-1)

模型(3-1)中的 *compensation* 表示样本公司的相对薪酬水平,等于上市公司前三名管理者的薪酬之和除以全部管理者的薪酬总额;*size* 表示样本公司的规模,等于上市公司总资产的自然对数;*lev* 表示样本公司的资本结构,等于上市公司总负债除以总资产;*roe* 表示样本公司的盈利水平,等于上市公司净利润除以净资产。*IND* 和 *YEAR* 分别代表了对行业和年度的控制。

4. 控制变量

控制变量的选择上参考了 Moeller 等（2004）、Martynova 和 Renneboog（2008，2011）、吕长江等（2014）、杨志强等（2017）、饶茜等（2017）有关并购及业绩承诺的研究成果，选择将公司财务特征、治理特征及并购交易特征纳入控制范围。上市公司财务特征变量包括资产规模（size）、资本结构（lev）、盈利水平（roe）；治理特征变量包括股权制衡度（balance）、上市公司产权性质（state）；交易特征变量包括目标资产溢价率（premium）、资产重组类型（sameind）、资产重组交易规模（relatsize）、资产评估机构规模（eveluate5）、目标资产报表审计机构规模（big4）。模型还进一步对行业（IND）和年度（YEAR）进行了控制。

详细的变量定义如表 3-2 所示。

表 3-2 变量的定义

变量	变量符号	变量定义
业绩承诺协议的签订	promiseyn	签订目标资产业绩承诺协议时，取值为1，否则取值为0
业绩承诺增长率	promlevel	承诺期内目标资产业绩承诺年增长率的均值，承诺期1年及无承诺样本取值为0
管理者过度自信	overcon	相对薪酬的残差高于年度行业均值时取值为1，否则为0
上市公司资产规模	size	上市公司总资产的自然对数
上市公司资本结构	lev	上司公司总负债除以总资产
上市公司盈利水平	roe	上市公司净利润除以净资产
股权制衡度	balance	第一大股东持有上市公司股权的比例除以上市公司前五大股东持股比例之和
上市公司产权性质	state	上市公司为国有企业，取值为1，否则为0
目标资产溢价率	premium	目标资产交易价格高于账面价的比率
资产重组交易规模	relatsize	目标资产交易价格除以并购完成前1年的上市公司总资产
资产重组类型	sameind	资产重组为横向并购，取值为1，否则为0
资产评估机构规模	eveluate5	资产评估机构排名全国前五，取值为1，否则为0
审计机构规模	big4	目标资产报表审计机构位列国际四大，取值为1，否则取值为0

（二）模型设定

为了考察管理者过度自信对业绩承诺协议订立、业绩承诺增长率的影响，采用模型(3-2)的形式进行回归分析,检验前文提出的假设3.1、假设3.2a、假设3.2b。模型中所有的控制变量(交易特征类除外)均采用了滞后一期的数据以弱化可能存在的内生性问题对本文研究结论稳健性的影响,回归分析使用了稳健的标准误。promiseyn/promlevel 表示模型的因变量为 promiseyn 或者 promlevel。

$$promiseyn/promlevel = \alpha_0 + \alpha_1 overcon + \alpha_2 size + \alpha_3 lev + \alpha_4 roe + \alpha_5 balance + \alpha_6 state + \alpha_7 premium + \alpha_8 relatsize + \alpha_9 sameind + \alpha_{10} eveluate5 + \alpha_{11} big4 + \sum IND + \sum YEAR + \varepsilon$$

(3-2)

第三节 实证结果及分析

一、描述性统计与相关性分析

表3-3是文中主要变量的描述性统计结果。存在业绩承诺的样本公司占84.3%,有15%左右的公司与目标资产股东并未达成相关协定。业绩承诺增长率平均值为0.206,业绩承诺总体增长率比较可观。表征管理者过度自信与否的变量 overcon 均值为0.474,接近半数的管理者被界定为过度自信。股权制衡度均值0.663,最大值达到了0.978,第一大股东持股比例较高,制衡股东持股比例相对较低。并购交易的溢价率均值为6.873,最大值为68.867,显示出并购交易的"高倍溢价"现象较为普遍。并购交易的相对规模均值为1.491,部分并购的目标资产远超并购前上市公司总资产体量,借助并购重组,上市公司的规模实现了急剧扩张。并购类型均值为0.550,重大资产重组的横向并购特征较为突出。

相关系数表3-4的信息显示,变量 promiseyn 与变量 overcon 的相关系数为-0.103,显著性水平1%;变量 promlevel 与变量 overcon 的相关系数为-0.085,显著性水平1%;说明管理者过度自信的情况下,业绩承诺协议签订的概率更小、业绩承诺增长率更低。相关系数的结果表明,假设3.1和3.2b得到了初步验证。

表3-3 主要变量描述性统计

变量	样本数	均值	标准差	最小值	25%	50%	75%	最大值
promiseyn	925	0.843	0.364	0	0	1	1	1
promlevel	925	0.206	0.225	-0.081	0.038	0.197	0.289	1.542
overcon	925	0.474	0.500	0	0	0	1	1
size	925	21.352	1.105	18.353	20.633	21.182	21.936	24.779
lev	925	0.413	0.222	0.035	0.238	0.393	0.572	0.999
roe	925	0.029	0.240	-1.807	0.017	0.056	0.102	0.694
balance	925	0.663	0.190	0.266	0.509	0.669	0.824	0.978
state	925	0.297	0.457	0	0	0	1	1
premium	925	6.873	9.375	0.844	1.900	3.840	7.470	68.867
relatsize	925	1.491	3.490	0.024	0.296	0.554	1.116	37.486
sameind	925	0.550	0.498	0	0	1	1	1
eveluate5	925	0.426	0.495	0	0	0	1	1
big4	925	0.061	0.239	0	0	0	0	1

二、回归分析

管理者过度自信与业绩承诺协议签订的回归分析结果见表3-5。对以虚拟变量 promiseyn 表征是否签订了业绩承诺协议采用了 Probit 回归。受到样本量的影响，进行 Probit 回归时如对行业和年度进行控制，会损失部分样本，因此，表3-5提供了未控制行业和年度时的回归结果以供参考。数据显示，管理者过度自信与业绩承诺协议签订的回归系数显著为负。这一结果表明，管理者过度自信时，并购交易中业绩承诺协议签订的概率越小。额外订立补偿协议会推高目标资产的接管成本；加之，过度自信驱使管理者高估了目标资产的盈利能力、并购带来的协同效应，以及自身借并购交易为企业创造价值的能力；过度自信的管理者倾向选择以更低的成本完成收购，业绩承诺协议达成的概率更低。假设3.1再次得到验证。

表 3-4 主要变量相关系数表

变量	promiseyn	promlevel	overcon	size	lev	roe	balance	state	premium	relatsize	sameind	eveluate5	big4
promiseyn	1												
promlevel	0.395***	1											
overcon	-0.103***	-0.085***	1										
size	-0.282***	-0.146***	0.014	1									
lev	-0.116***	-0.103***	0.031	0.461***	1								
roe	0.025	0.054	0.000	0.005	-0.293***	1							
balance	-0.113***	-0.083**	0.050	0.154***	0.275***	-0.091***	1						
state	-0.214***	-0.204***	0.046	0.365***	0.352***	-0.154***	0.341***	1					
premium	0.165***	0.180***	-0.037	-0.133***	-0.168***	0.091***	-0.137***	-0.263***	1				
relatsize	0.097***	0.105***	0.071**	-0.342***	-0.079**	-0.046	-0.025	-0.076**	0.013	1			
sameind	-0.121***	-0.005	-0.022	0.094***	-0.110***	0.115***	-0.055*	-0.030	0.022	-0.239***	1		
eveluate5	0.077**	0.095***	0.033	-0.023	-0.016	-0.066**	-0.018	-0.010	0.016	0.088***	-0.078**	1	
big4	-0.202***	-0.103***	0.050	0.190***	0.033	-0.014	0.016	0.103***	-0.020	0.016	0.066**	0.011	1

注：*、**、***分别表示在10%、5%、1%水平上显著。

表3-5 管理者过度自信与业绩承诺协议的签订

变量	promiseyn	
overcon	-0.283***	-0.274**
	(-2.63)	(-2.41)
size	-0.260***	-0.343***
	(-4.04)	(-4.86)
lev	0.389	0.892**
	(1.18)	(2.46)
roe	0.257	0.116
	(0.99)	(0.36)
balance	-0.449	-0.210
	(-1.45)	(-0.64)
state	-0.266**	-0.103
	(-1.98)	(-0.71)
premium	0.038**	0.031*
	(2.16)	(1.94)
relatsize	0.058	0.091
	(1.28)	(1.83)
sameind	-0.291**	-0.206*
	(-2.46)	(-1.68)
eveluate5	0.292***	0.369***
	(2.58)	(3.08)
big4	-0.738***	-0.734***
	(-3.74)	(-3.34)
_cons	6.855***	1.843
	(5.00)	(1.19)
行业		控制
年度		控制
N	925	898
R^2	0.178	0.257

注：括号内的数值为z值；*、**、***分别表示在10%、5%、1%水平上显著。

表3-6 管理者过度自信与业绩承诺增长率

变量	promlevel	Heckman 两阶段	
		第一阶段	第二阶段
overcon	-0.031**	-0.274**	-0.620**
	(-2.07)	(-2.41)	(-2.42)
size	-0.008	-0.343***	0.369*
	(-0.81)	(-4.86)	(1.70)
lev	0.043	0.892**	-0.039
	(1.06)	(2.46)	(-0.05)
roe	0.029	0.116	-0.239
	(0.98)	(0.36)	(-0.43)
balance	0.016	-0.210	-0.368
	(0.43)	(-0.64)	(-0.54)
state	-0.048**	-0.103	-0.186
	(-2.38)	(-0.71)	(-0.57)
premium	0.003***	0.031*	0.015
	(3.45)	(1.94)	(1.01)
relatsize	0.008*	0.091	0.398***
	(1.64)	(1.83)	(11.23)
sameind	0.020	-0.206*	0.253
	(1.41)	(-1.68)	(0.95)
eveluate5	0.046***	0.369***	0.348
	(3.03)	(3.08)	(1.29)
big4	-0.085***	-0.734***	-1.445*
	(-2.71)	(-3.34)	(-1.96)
IMR			1.954
			(1.37)
_cons	0.200	1.843	-10.706***
	(1.02)	(1.19)	(-2.59)
行业	控制	控制	控制
年度	控制	控制	控制
N	925	898	753
R^2	0.145	0.257	0.170

注：列三括号内的数值为 z 值；其余括号内的数值为 t 值；*、**、*** 分别表示在10%、5%、1%水平上显著。

控制变量中的收购方资产规模、并购交易类型、审计机构规模与变量 promiseyn 的回归系数均显著为负。以上结果说明，上市公司资产规模越大、越是横向并购、目标资产审计机构的规模越大，并购重组时订立业绩补偿协议的情况越少。上市公司规模越大，对并购重组所得目标资产的依赖性可能越弱，在不签订业绩补偿协议即可显著降低交易对价的情况下，不要求业绩承诺的可能性也越大。横向并购意味着收购方与目标资产所属行业是相同的，收购方对目标资产的运营管理经验相对丰富，更易在接管目标资产后顺利实现资源的整合，保障目标资产价值创造的能力和水平。因此，横向并购情况下收购方面临的并购风险相对较小，进而收购方迫于业绩压力而购买业绩承诺的动机减弱。提供目标资产报表审计服务的机构的规模越大，审计服务的质量越有保证，利于收购方更为准确地了解目标资产的财务状况和经营成果等相关信息，从而对目标资产的未来盈利能力有更加准确的判定，保证在价格谈判时能以更合适的价格接管目标资产，减少了因为信息不确定而对业绩承诺产生的依赖。控制变量中目标资产的溢价比率、资产评估机构规模与变量 promiseyn 的回归系数均显著为正。上述结果表明，目标资产溢价率越高、资产评估机构规模越大，并购重组交易中签订业绩承诺的概率也越大。

表 3-6 的数据显示，管理者过度自信与业绩承诺增长率的回归系数在 5% 水平上显著为负。即收购方管理者过度自信的情况下，业绩承诺增长率更低。前文所提假设 3.2b 得以验证，过度自信的管理者更偏好业绩承诺的低增长率。

由于前文将无业绩承诺的样本对应的业绩承诺增长率取值为 0，为免受这一定义方式的影响，本书进一步对样本进行处理，删除无承诺样本。因为仅仅选择有承诺的样本，可能造成样本存在自选择问题，为解决这一问题，采用了 Heckman 两阶段的做法重新进行回归分析。Heckman 第一阶段的回归采用的模型形式与前文中所用的模型（3-2）相同，模型的因变量为 promiseyn。利用模型（3-2）的形式对业绩承诺协议签订的可能性进行估计，获得逆米尔斯系数 IMR 后加入第二阶段的回归模型中。Heckman 第二阶段的回归采用的模型形式与前文中所用的模型（3-2）相同，模型的因变量为 promlevel。Heckman 两阶段的回归结果见表 3-6。

从第二阶段的回归结果中可以看到，管理者过度自信与业绩承诺增长率的回归系数仍在5%水平上显著为负。即删除无承诺样本后，收购方管理者过度自信时，业绩承诺增长率更低。假设3.2b再次得到验证。

三、不同类型业绩承诺的对比分析

2008年版的《上市公司重大资产重组管理办法》明确提出：在以收益法、假设开发法等基于未来收益预期的资产评估方法所得的评估价作为目标资产定价基础的情况下，目标方与收购方必须签订针对目标资产未来收益水平的业绩承诺协议。经修订的2014年版的《管理办法》在此基础上进一步提出，"上市公司向控股股东、实际控制人或者其控制的关联人之外的特定对象购买资产且未导致控制权发生变更的"，可自主决定是否签订业绩承诺协议。

根据《管理办法》的相关要求，本书将发生在2008年至2014年11月22日、并购定价以收益法和假设开发法等基于未来收益预期的资产评估方法所得的评估价为定价基础的交易，以及发生在2014年11月23日至2017年12月31日、并购定价以收益法和假设开发法等基于未来收益预期的资产评估方法所得的评估价为定价基础且控制权转移的交易或者控制权未转移但资产出售方为上市公司控股股东、实际控制人或者其控制的关联人的交易均视为法规强制要求签订业绩承诺协议的交易。进一步地，本书将上述交易中签订的业绩承诺定义为强制性业绩承诺，而将其余的交易视为并购交易双方可自主协商是否签订目标资产业绩承诺协议，相应情形下达成的业绩承诺则定义为自愿性业绩承诺。因此，自愿性业绩承诺即并购交易中目标资产的收购方与售出方在可以自主协商的情况下达成业绩承诺协议时对应的业绩承诺。

本书将签订了业绩承诺协议的样本按照强制性与自愿性进行分组，所得两组样本的数据特征如表3-7所示。

表3-7 强制性业绩承诺组与自愿性业绩承诺组的单变量T检验

变量	强制组观测值	强制组均值	自愿组观测值	自愿组均值	组间均值差额
promlevel	513	0.225	267	0.282	-0.057***
overcon	513	0.491	267	0.375	0.117***
size	513	21.247	267	21.161	0.086
lev	513	0.423	267	0.359	0.064***

续表

变量	强制组观测值	强制组均值	自愿组观测值	自愿组均值	组间均值差额
roe	513	0.025	267	0.042	-0.017
balance	513	0.67	267	0.622	0.048***
state	513	0.329	267	0.112	0.217***
premium	513	6.329	267	9.869	-3.540***
relatsize	513	2.032	267	0.878	1.155***
sameind	513	0.448	267	0.67	-0.222***
eveluate5	513	0.442	267	0.442	0.001
big4	513	0.053	267	0.015	0.038**

注：*、**、*** 分别表示在10%、5%、1%水平上显著。

表3-7的数据显示，强制性业绩承诺组和自愿性业绩承诺组在业绩承诺增长率上存在显著的差异，自愿性业绩承诺对应的业绩承诺增长率均值显著更高。同时，两组样本在管理者过度自信、收购方资产负债率、股权制衡度、产权性质、并购交易中的目标资产溢价率、并购交易相对规模、并购交易种类以及目标资产财务报告审计机构规模等方面也存在显著的差异。

为进一步验证强制性业绩承诺组和自愿性业绩承诺组在管理者过度自信与业绩承诺增长率关系上的不同，本书采用模型（3-2）的形式，依强制性和自愿性的标准对样本进行分组后重新进行回归，结果如表3-8所示。由于仅仅包括了存在业绩承诺的样本，继续选择使用Heckman两阶段回归的做法。Heckman第一阶段的回归采用的模型形式仍采用模型（3-2）的形式，模型的因变量为 promiseyn。Heckman第二阶段的回归采用模型（3-2）的形式进行分组回归，模型的因变量为 promlevel。

表3-8的数据显示，在自愿性业绩承诺组，管理者过度自信与业绩承诺增长率的回归系数在5%水平上显著为负；而在强制性业绩承诺组，管理者过度自信与业绩承诺增长率的回归系数为正且不显著。因此，在自愿性业绩承诺的情况下，管理者过度自信与业绩承诺增长率的负相关关系更加显著。可能的原因是，在强制性业绩承诺的情况下，法律法规强制约束对业绩承诺的影响更加突出，管理者个人特质对业绩承诺的影响相对更小；自愿性业绩承诺情况下，并购交易双方的博弈更加充分，业绩承诺行为更能体现交易双方的真实意愿，管理者过度自

信的心理特征能够更多地在业绩承诺问题上发挥作用。

表3-8 管理者过度自信与业绩承诺增长率的分组回归

变量	第一阶段 promiseyn	第二阶段 promlevel		
			强制组	自愿组
overcon	-0.274**	-0.620**	0.044	-0.857**
	(-2.41)	(-2.42)	(1.17)	(-2.22)
size	-0.343***	0.369*	0.071**	0.419
	(-4.86)	(1.70)	(2.05)	(1.29)
lev	0.892**	-0.039	0.011	-0.000
	(2.46)	(-0.05)	(0.10)	(0.00)
roe	0.116	-0.239	0.073	-0.273
	(0.36)	(-0.43)	(0.80)	(-0.35)
balance	-0.210	-0.368	0.156*	-0.816
	(-0.64)	(-0.54)	(1.69)	(-0.79)
state	-0.103	-0.186	-0.059	-0.156
	(-0.71)	(-0.57)	(-1.0)	(-0.34)
premium	0.031*	0.015	-0.003	0.013
	(1.94)	(1.01)	(-1.40)	(0.56)
relatsize	0.091	0.398***	0.045***	0.432***
	(1.83)	(11.23)	(3.33)	(9.42)
sameind	-0.206*	0.253	0.056	0.288
	(-1.68)	(0.95)	(1.58)	(0.70)
eveluate5	0.369***	0.348	-0.036	0.413
	(3.08)	(1.29)	(-0.90)	(1.02)
big4	-0.734***	-1.445*	0.293*	-1.593
	(-3.34)	(-1.96)	(1.87)	(-1.60)
IMR		1.954	-0.457	2.401
		(1.37)	(-1.56)	(1.20)
_cons	1.843	-10.706***	-1.684**	-12.233**
	(1.19)	(-2.59)	(2.30)	(-2.04)
行业	控制	控制	控制	控制
年度	控制	控制	控制	控制
N	898	753	255	498
R^2	0.257	0.170	0.361	0.187

注：列二括号内的数值为z值；其余括号内的数值为t值；*、**、***分别表示在10%、5%、1%水平上显著。

第四节 稳健性检验

为保证本章实证研究结论的稳健性,对管理者过度自信的衡量方式进行了调整。采用 Hayward 和 Hambrick 在 1997 年提出的相对薪酬法定义管理者的过度自信。计算上市公司管理人员相对薪酬时,首先将上市公司前三名管理者的薪酬之和除以全部的管理者薪酬总额,其次计算这一比值的年度行业均值,最后将单个样本值与年度行业均值进行比较。如果单个样本的相对薪酬高于年度行业均值,即判定为管理者过度自信,对应的取值为 1,否则取值为 0。

从表 3-9 的数据可以看到,改变管理者过度自信的定义办法后,管理者过度自信与业绩承诺协议签订及业绩承诺增长率的回归系数仍然显著为负,重新回归的结果与前文并没有产生实质性的差异。前文所提假设 3.1 和假设 3.2b 再次得到了验证。

表 3-9　管理者过度自信与业绩承诺协议签订及业绩承诺增长率关系的稳健性检验

变量	promiseyn	promlevel		
			Heckman 两阶段	
			第一阶段	第二阶段
$overcon2$	-0.234**	-0.034**	-0.234**	-0.029*
	(-2.06)	(-2.29)	(-2.06)	(-1.78)
$size$	-0.354***	-0.009	-0.354***	0.018
	(-5.01)	(-0.98)	(-5.01)	(1.17)
lev	0.895**	0.043	0.895**	-0.004
	(2.47)	(1.05)	(2.47)	(-0.09)
roe	0.088	0.025	0.088	0.011
	(0.27)	(0.85)	(0.27)	(0.35)
$balance$	-0.228	0.016	-0.228	0.016
	(-0.70)	(0.42)	(-0.70)	(0.39)

续表

变量	promiseyn	promlevel		
			Heckman 两阶段	
			第一阶段	第二阶段
state	-0.121	-0.051**	-0.121	-0.045*
	(-0.84)	(-2.50)	(-0.84)	(-1.95)
premium	0.032**	0.003***	0.032**	0.001
	(1.97)	(3.45)	(1.97)	(1.50)
relatsize	0.089*	0.008*	0.089*	0.008
	(1.80)	(1.64)	(1.80)	(1.60)
sameind	-0.208*	0.020	-0.208*	0.045**
	(-1.70)	(1.42)	(-1.70)	(2.55)
eveluate5	0.363***	0.046***	0.363***	0.026
	(3.05)	(3.03)	(3.05)	(1.54)
big4	-0.760***	-0.087***	-0.760***	-0.024
	(-3.48)	(-2.79)	(-3.48)	(-0.54)
IMR				-0.060
				(-0.54)
_cons	1.649	0.224	1.649	-10.207
	(1.07)	(1.15)	(1.07)	(-1.21)
行业	控制	控制	控制	控制
年度	控制	控制	控制	控制
N	898	925	898	753
R^2	0.257	0.146	0.257	0.109

注：列二、列四括号内的数值为 z 值；其余括号内的数值为 t 值；*、**、*** 分别表示在 10%、5%、1% 水平上显著。

本部分的稳健性检验还选择对业绩承诺增长率的计量办法进行替换。借鉴关静怡、刘娥平（2019）的做法，将承诺期内业绩承诺增长率的算术平均值替换为几何平均值。即以承诺期内最后一期的年业绩承诺额除以承诺期内第一年的业绩承诺额后，取该值的几何平均数。其具体计算公式如下：

$$\sqrt[n-1]{\frac{业绩承诺额_n}{业绩承诺额_1}} - 1$$

采用新的办法计量业绩承诺增长率后重新进行的回归分析结果如表 3-10 所示。

表 3-10 管理者过度自信与业绩承诺增长率关系的稳健性检验

变量	保留无承诺样本 promlevel	删除无承诺样本的 Heckman 两阶段			
		第一阶段 promiseyn	第二阶段 promlevel		
				强制组	自愿组
overcon	-0.058**	-0.274**	-0.069*	0.024	-0.104**
	(-2.16)	(-2.41)	(-1.74)	(0.37)	(-2.01)
size	-0.052***	-0.343***	0.032	0.036	0.036
	(-2.18)	(-4.86)	(0.94)	(0.62)	(0.82)
lev	0.054	0.892**	-0.017	0.035	-0.063
	(0.75)	(2.46)	(-0.15)	(0.19)	(-0.44)
roe	0.064	0.116	0.050	0.020	0.061
	(1.08)	(0.36)	(0.59)	(0.13)	(0.58)
balance	-0.019	-0.210	-0.025	0.335**	-0.229*
	(-0.26)	(-0.64)	(-0.24)	(2.14)	(-1.67)
state	-0.084**	-0.103	-0.095*	-0.169*	-0.061
	(-2.22)	(-0.71)	(-1.88)	(-1.71)	(-0.99)
premium	0.007***	0.031*	0.005**	-0.000	0.005
	(5.07)	(1.94)	(1.97)	(-0.11)	(1.56)
relatsize	0.009*	0.091	0.033***	0.047**	0.036***
	(1.86)	(1.83)	(5.98)	(2.06)	(5.82)
sameind	0.004	-0.206*	0.071*	0.031	0.079
	(0.15)	(-1.68)	(1.72)	(0.52)	(1.43)
eveluate5	0.085***	0.369***	0.075*	-0.029	0.094*
	(3.12)	(3.08)	(1.81)	(-0.43)	(1.73)
big4	-0.190***	-0.734***	-0.113	0.349	-0.099
	(-2.84)	(-3.34)	(-1.00)	(1.31)	(-0.74)
IMR			-0.019	-0.345	0.019
			(-0.09)	(-0.69)	(0.07)
_cons	1.296***	1.843	-0.411	-0.853	-0.391
	(3.59)	(1.19)	(-0.65)	(-0.68)	(-0.49)

第三章　管理者过度自信与业绩承诺协议的订立

续表

变量	保留无承诺样本 promlevel	删除无承诺样本的 Heckman 两阶段			
		第一阶段 promiseyn	第二阶段 promlevel		
				强制组	自愿组
行业	控制	控制	控制	控制	控制
年度	控制	控制	控制	控制	控制
N	924	898	752	255	497
R^2	0.248	0.257	0.175	0.225	0.228

注：列三括号内的数值为 z 值；其余括号内的数值为 t 值；*、**、*** 分别表示在 10%、5%、1% 水平上显著。

表 3-10 的数据显示，采用新的办法对业绩承诺增长率进行计量后，重新回归后的管理者过度自信与业绩承诺增长率的回归系数仍然显著为负。在对承诺样本按照强制性与自愿性的标准进行分类之后，强制组管理者过度自信与业绩承诺增长率的回归系数为正但不显著，自愿组管理者过度自信与业绩承诺增长率的回归系数在 5% 水平上显著为负，当业绩承诺属于自愿性业绩承诺的情况时，管理者过度自信与业绩承诺增长率之间的负相关关系更加显著。

经过上述处理后重新进行回归所得结果与前文并无实质性差异，这充分表明前文所得结论是足够稳健的。

本章小结

本章节以沪深两市 A 股 2008 年 5 月 18 日至 2017 年 12 月 31 日发生的重大资产重组事件为样本，研究了收购方管理者过度自信和业绩承诺协议签订、业绩承诺增长率之间的关系。

研究以虚拟变量的形式衡量是否签订业绩承诺协议，采用业绩承诺年增长率的均值衡量业绩承诺的水平，借助相对薪酬残差定义收购方管理者是否过度自信。在对管理者过度自信与业绩承诺协议签订、业绩承诺增长率的关系进行回归分析的过程中，同时控制了收购方基本面特征和并购交易特征。研究同时还以《上市公司重大资产重组办法》的相关条款为基础对样本按照业绩承诺的种类进行分组，进一步考虑了不同的业绩承诺种类下管理者过度自信与业绩承诺增长率关系的变化。为保证研究结论的稳健性，稳健性检验时对管理者过度自信的定义方式、业绩承诺增长率的计量方法进行了替换，所得结果并没有发生实质性变化。

研究发现，收购方管理者的过度自信导致其达成业绩承诺协议的概率更小、业绩承诺增长率更低。进一步地分析还发现，不同的业绩承诺种类样本存在显著的差异：当业绩承诺属于强制性业绩承诺时，管理者过度自信与业绩承诺的回归系数并不显著；而当业绩承诺属于自愿性业绩承诺时，管理者过度自信与业绩承诺增长率的回归系数显著为负。

过度自信的管理者对自身知识和能力过分肯定，在目标资产未来盈利能力的预测过程中发生了乐观性的偏差。过高估计了目标资产的收益，而低估了目标资产的风险，控制幻觉的存在推高了过度自信的管理者对并购完成后目标资产业绩的预期。业绩承诺固然能够降低目标资产未来收益的不确定性，为收购方提供更稳固的保障。但业绩承诺并非免费，需要收购方以高倍溢价的形式提前埋单。过度自信的管理者在无承诺、低成本的情况下已经可以成功接管目标资产，且此时的管理者对目标资产的未来业绩有极为充足的信心，追加业绩承诺、提高业绩承诺增长率意味着追加成本，控制并购成本的管理者对业绩承诺的诉求就会显著减弱。

同时，如果并购重组签订的业绩承诺不属于交易双方在法律法规的限制和要求下达成的强制性承诺，而是属于自愿性业绩承诺时，管理者过度自信与业绩承诺增长率之间的负相关关系更加显著。自愿性业绩承诺情况下并购交易双方博弈充分，管理者过度自信的心理特质对业绩承诺的影响更加突出。

第四章　管理者过度自信与业绩承诺的完成

自 2008 年 4 月 16 日中国证监会发布第一版《上市公司重大资产重组管理办法》（以下简称《管理办法》）至今，上市公司重大资产重组中的业绩承诺制度已经诞生十年有余。社会各界对这一制度的评价始终褒贬不一。有学者认为业绩承诺的存在增加了并购交易双方的投资者收益（吕长江等，2014；杨志强、曹鑫雨，2017），提升了管理者的敬业勤勉程度（陈瑶、杨小娟，2016），改善了上市公司经营状况（高闯等，2010；饶茜、侯席培，2017）。但也有学者发现，业绩承诺制度扭曲了并购交易的定价机制，大幅提高了并购溢价（赵立新、姚又文，2014；张翼，2017；潘妙丽、张玮婷，2017）。而随着制度推行的时间越来越长，过高的业绩承诺吹出的稳定假象和繁荣泡沫破灭的案例正在逐步增多，中水渔业（000798）、天神娱乐（002354）、美丽生态（000010）等上市公司的业绩承诺兑现难题不仅屡次刺痛了投资者的神经、吞噬了投资者的财富，更让越来越多的人对业绩承诺制度的意义产生了质疑。业绩承诺的完成问题应该得到更多的关注。

前面章节的研究已经证实了收购方管理者的过度自信对并购双方是否最终达成业绩承诺协议产生了重要影响。上述问题的讨论局限于业绩承诺协议的订立阶段。本章节将在此基础上把研究的范畴延展至业绩承诺的执行和完成阶段，进一步完成对"管理者过度自信能否显著影响业绩承诺的完成情况"这一问题的验证。同时，本部分还将对比分析自愿性业绩承诺组与强制性业绩承诺组的业绩承诺完成百分比的差异，并借助分组回归检验不同的业绩承诺类型下管理者过度自信与业绩承诺完成百分比关系的变化。

第一节 理论分析与假设提出

有限理性理论指出，个人无法在决策过程中保持完全理性。由于环境复杂和资源限制，加上个人既有知识结构存在缺陷，同时又无法跳脱基本的人脑生物机能的约束，个人不可能做到如理性经济人假说提出的全知全能。内外部因素的共同作用使得个人只能放弃理性经济人假说强调的个人利益或效用最大化的决策原则，并转而以"满意"为基本的决策标准，放弃实质理性而保证过程理性，以现有可用的资源和可得的备择方案为基础找到令自己"满意"的解决方案。个体资源禀赋的限制和主观"满意"的决策标准导致个体在加工处理信息时产生认知偏差。而过度自信是一种极为普遍的认知偏差且在公司的管理层中表现得尤为突出。

心理学对过度自信问题的研究发现，过度自信主要有三种表现形式：过高估计（Shepperd 等，1996）、过高定位（即优于平均）（Larrick 等，2007）和过分精准（Yaniv 和 Foster，1997；McKenzie 等，2008）。过高估计强调高估自身能力（Buehler 等，1994），过高定位强调高估个人相对能力（Alicke 等，1995），过分精确强调高估自身拥有信息的准确性（Lichtenstein 等，1982）。

高阶理论指出，组织的高层管理者的个体特征将通过个人决策折射到组织决策当中，具象化为组织的战略选择。公司管理者过度自信的认知偏差影响了管理者个人对业绩承诺问题的立场，并将在公司决策当中得到体现。

过度自信的管理者高估了自己借并购为公司创造价值的能力。这类管理者高估自身占有的目标资产信息的准确性，认为自己精准地捕捉到了目标资产的投资价值。同时，过度自信的管理者又高估了自己在资源整合、目标资产营运管理上的表现，优于平均的个人信念造成管理者在估计目标资产未来的盈利水平时极易产生乐观性偏差。低估风险、高估收益（Gervais 等，2011），盈利预测出现正向偏差的可能性就越大（Hribar 和 Yang，2010；Hilary 和 Hsu，2011；操巍等，2017）。Heaton（2002）的模型已经捕捉到了这种乐观性的偏差，Lin 等（2008）以及 Lee 等（2017）的研究也得出了类似的结论。这种乐观很可能导致管理者降低在完成业绩承诺问题上的努力程度,进而有损业绩承诺的完成质量。

同时,坚信个人判断的准确性和个人能力"优于平均"不仅会造成过度自信的管理者对目标资产未来业绩的过分乐观,还极易引发并购交易中的过度支付(Roll,1986;Malmendier 和 Tate,2004,2008)。而一旦并购溢价倍率过高,并购后运营中面临的财务负担就越重,收购方从中获益的难度也越大,资源整合所需的后续投入和整合效果难以得到有效的保障(Dodd,1980;Flanagan 和 O'Shaughnessy,2003;Porrini,2006)。因此,过度自信管理者对目标资产的过分支付给未来业绩承诺的完成埋下了隐患。

另外,过度自信的管理者常常因为在公司运营管理上的乐观倾向和冒险精神推高公司的投资水平(Malmendier 和 Tate,2003;姜付秀等,2009;Gervais 等,2011;王海明、曾德明,2012;Wang 等,2016;Seo 和 Sharma,2018)。他们不仅频繁发起并购(Doukas 和 Petmezas,2007),采取激进的并购策略(Malmendier 和 Tate,2004,2008),而且偏好多元化并购(Ferris 等,2013;Andreou 等,2011)。另外,对风险的低估使过度自信的管理者更乐于推动公司开展创新活动(Galasso 和 Simcoe,2011;Lüdtke 和 Lüthje,2012;Engelen 等,2015),这也可能增大企业的风险(Simon 和 Houghton,2003),增强公司股票收益的波动性(Hirshleifer 等,2012),或者导致公司在不同类型创新上的投资失衡(Chang 等,2015;翟淑萍等,2015)。上述财务负担和风险的增加也给目标资产的正常运转和价值创造带来了更大的不确定性。

基于以上分析,本书提出如下假设:

假设4.1:管理者过度自信时,业绩承诺的完成百分比越低。

第二节 研究设计

一、研究样本与数据来源

仍以 Wind 数据库发布的沪深两市 A 股重大资产重组事件为基础,筛选出上市公司为收购方的并购事件,将相关交易首次公告日限定在2008年5月18日至2017年12月31日,排除并购交易完成时间晚于2017年12月31日的资产重组后完成样本的初选。由于绝大多数业绩承诺的承诺期为3年,本部分选择了业绩承诺期为3年、在2017年12月31日已经完成了全部业绩承诺的并购交易为样本,搜集整理这些交易在3年中的业绩承诺完成百分比。同时,如果仅仅只有签订了业绩承诺协议的样本,则无承诺样本的业绩承诺完成情况是缺失、不可知的,为克服由此可能产生的样本自选择问题,本部分保留了无业绩承诺且交易完成时间早于2016年1月1日的并购事件作为样本,而由于这些样本并不会涉及业绩补偿问题,本章将这些样本3年的业绩承诺完成百分比直接设定为1。做进一步数据筛选时,本章还:①删除交易中收购方或目标方属于金融、保险行业的样本;②删除数据不全的样本。经过上述处理之后,本章最终获得了1479个有效样本。样本的构成与分布如表4-1所示。

表4-1 样本分布情况

	总样本	过度自信		未过度自信	
		样本数	占比(%)	样本数	占比(%)
有承诺	1209	539	44.582	670	55.418
未承诺	267	150	56.180	117	43.820
合计	1476	689	46.680	787	53.320

交易特征信息的来源与前面章节相同,业绩承诺完成百分比信息来自对上市公司(收购方)发布的业绩承诺完成情况审核报告的手工整理。衡量管理者是否过度自信所用的薪酬信息、上市公司的财务数据、产权性质、股权结构等信息均来自CSMAR数据库;资产重组类型信息来自Wind数据库。

二、变量定义与模型设定

(一) 变量定义

管理者过度自信变量(*overcon*)的定义与第三章定义相同,在此不再赘述。本章新增加的业绩承诺完成百分比的定义如下。

1. 业绩承诺完成百分比(*complete*)

表示目标资产实现承诺业绩额的百分比,等于业绩承诺期内目标资产的实际业绩除以目标资产对应年度的承诺业绩。无业绩承诺的样本直接取值为1。

2. 控制变量

控制变量与第三章相同，仍然选择将公司财务特征、治理特征及并购交易特征纳入控制范围。上市公司财务特征变量包括资产规模（size）、资本结构（lev）、盈利水平（roe）；治理特征变量包括股权制衡度（balance）、上市公司产权性质（state），交易特征变量包括目标资产溢价率（premium）、资产重组类型（sameind）、资产重组交易规模（relatsize）、资产评估机构规模（eveluate5）、审计机构规模（big4）。本章节的模型同样对行业（IND）和年度（YEAR）进行了控制。

详细的变量定义如表4-2所示。

表4-2 变量的定义

变量	变量符号	变量定义
业绩承诺完成百分比	complete	目标资产实际业绩除以承诺业绩，无承诺时取1
管理层过度自信	overcon	相对薪酬的残差高于年度行业均值时取值为1，否则为0
上市公司资产规模	size	上市公司总资产的自然对数
上市公司资本结构	lev	上司公司总负债除以总资产
上市公司盈利水平	roe	上市公司净利润除以净资产
股权制衡度	balance	第一大股东持有上市公司股权的比例除以上市公司前五大股东持股比例之和
上市公司产权性质	state	上市公司为国有企业，取值为1，否则为0
目标资产溢价率	premium	目标资产交易价格高于账面价的比率
资产重组交易规模	relatsize	目标资产交易价格除以并购完成前1年的上市公司总资产
资产重组类型	sameind	资产重组为横向并购，取值为1，否则为0
资产评估机构规模	eveluate5	资产评估机构排名全国前五，取值为1，否则为0
审计机构规模	big4	目标资产报表审计机构位列国际四大，取值为1，否则取值为0

（二）模型设定

为了验证管理者过度自信与业绩承诺完成百分比之间的关系，采用模型（4-1）的形式进行回归分析，检验前文提出的假设4.1。模型使用了稳健的标准误。

$$complete = \alpha_0 + \alpha_1 overcon + \alpha_2 size + \alpha_3 lev + \alpha_4 roe + \alpha_5 balance + \alpha_6 state +$$
$$\alpha_7 premium + \alpha_8 relatsize + \alpha_9 sameind + \alpha_{10} eveluate5 +$$
$$\alpha_{11} big4 + \sum IND + \sum YEAR + \varepsilon \quad (4-1)$$

第三节 实证结果与分析

一、描述性统计与相关性分析

表4-3的数据显示,业绩承诺完成百分比均值为1.078,这说明绝大部分的业绩承诺超额完成,但业绩承诺完成百分比的最小值信息也显示,有的样本在业绩承诺期内不仅没有完成承诺,而且还出现了亏损,净利润为负数。管理者过度自信变量的均值为0.467,有接近半数的管理者被定义为过度自信。

表4-3 主要变量描述性统计

变量	样本数	均值	标准差	最小值	25%	50%	75%	最大值
complete	1476	1.078	0.330	-0.946	1	1.024	1.116	3.200
overcon	1476	0.467	0.499	0	0	0	1	1
size	1476	22.293	1.038	20.043	21.577	22.151	22.883	25.334
lev	1476	0.449	0.203	0.068	0.286	0.451	0.601	0.888
roe	1476	0.083	0.095	-0.366	0.044	0.079	0.120	0.391
balance	1476	0.615	0.182	0.266	0.468	0.598	0.755	0.982
state	1476	0.341	0.474	0	0	0	1	1
premium	1476	4.557	6.894	-0.233	0.545	2.071	5.017	38.710
relatsize	1476	4.108	20.723	0.024	0.307	0.575	1.135	173.177
sameind	1476	0.500	0.500	0	0	0.5	1	1
eveluate5	1476	0.413	0.492	0	0	0	1	1
big4	1476	0.028	0.166	0	0	0	0	1

表4-4显示,管理者过度自信变量与业绩承诺完成百分比的相关系数为负数,显著性水平1%。书中所提假设4.1在相关系数问题上得到了验证。

第四章 管理者过度自信与业绩承诺的完成

表4-4 主要变量相关系数表

	complete	overcon	size	lev	roe	balance	state	premium	relatsize	sameind	eveluate5	big4
complete	1											
overcon	-0.072***	1										
size	0.020	-0.005	1									
lev	-0.080***	-0.046*	0.517***	1								
roe	0.193***	-0.019	0.035	-0.009	1							
balance	0.045*	0.086***	0.129***	0.138***	0.063**	1						
state	0.048*	0.045*	0.249***	0.230***	-0.026	0.327***	1					
premium	-0.026	-0.015	-0.176***	-0.316***	-0.021	-0.244***	-0.317***	1				
relatsize	0.052**	0.010	-0.025	0.023	0.150***	-0.050*	0.033	-0.052**	1			
sameind	-0.010	-0.069**	0.011	-0.056**	-0.054**	0.037	-0.011	-0.019	-0.096***	1		
eveluate5	-0.047*	0.038	-0.011	-0.035	0.051*	-0.097***	-0.017	0.075***	0.052**	-0.054**	1	
big4	-0.015	0.003	0.137***	0.086***	-0.031	0.069***	0.083***	-0.051*	-0.019	0.024	0.030	1

注:*、**、***分别表示在10%、5%、1%水平上显著。

二、回归分析

表 4-5 的数据显示，管理者过度自信与业绩承诺完成百分比的回归系数显著为负。管理者过度自信公司的业绩承诺完成百分比更低。过度自信的管理者对目标资产未来的业绩水平进行估计时极易发生乐观性的偏差，高估业绩承诺的完成情况并可能因此而降低在完成业绩承诺方面的努力程度。同时，过度自信的管理者对个人能力估计过高，很可能在资源整合、资产运营管理等活动中采取过于冒险、激进的策略，无谓损耗与目标资产相关的配套资源，进一步阻碍目标资产业绩承诺的足额完成。

表 4-5 管理者过度自信与业绩承诺完成百分比的关系

变量	complete	Heckman 两阶段	
		第一阶段	第二阶段
$overcon$	-0.051***	-0.280***	-0.045**
	(-2.83)	(-3.25)	(-2.09)
$size$	0.023**	-0.127**	0.041**
	(2.13)	(-2.45)	(2.52)
lev	-0.251***	-0.844***	-0.317***
	(-3.89)	(2.88)	(-3.85)
roe	0.623***	0.228	0.817***
	(4.67)	(0.49)	(4.58)
$balance$	0.045	-1.199***	0.059
	(0.94)	(-4.72)	(0.85)
$state$	0.045**	-0.336***	0.058*
	(2.07)	(-3.16)	(1.91)
$premium$	-0.002	0.038*	-0.002
	(-1.22)	(1.77)	(-1.32)
$relatsize$	0.000	0.164***	-0.000
	(0.44)	(3.71)	(-0.07)
$sameind$	-0.005	-0.315***	0.008
	(-0.28)	(-3.45)	(0.33)
$eveluate5$	-0.029	0.287***	-0.036
	(-1.59)	(3.15)	(-1.59)

续表

变量	complete	Heckman 两阶段	
		第一阶段	第二阶段
big4	-0.029 (-0.42)	-0.248 (-1.09)	-0.010 (-0.10)
IMR			0.016 (0.18)
_cons	0.652*** (3.32)	3.898*** (3.83)	0.162 (0.49)
行业	控制	控制	控制
年度	控制	控制	控制
N	1476	1449	1182
R^2	0.094	0.248	0.116

注：列三括号内的数值为 z 值，其余括号内的为 t 值；*、**、*** 分别表示在 10%、5%、1% 水平上显著。

考虑到将无承诺样本予以保留并将其业绩承诺完成百分比直接设定为 1 的做法可能有损研究结论的稳健性，本书在将无承诺样本删除后，采用了 Heckman 两阶段回归的办法重新对管理者过度自信与业绩承诺完成百分比的关系进行了验证。Heckman 两阶段回归结果如表 4-5 所示。IMR 为 Heckman 第一阶段回归后得到的逆米尔斯系数。使用 Heckman 两阶段回归后，第二阶段的回归结果仍然显示管理者过度自信与业绩承诺完成百分比的回归系数显著为负。

三、不同业绩承诺种类的对比分析

本书对有承诺的样本按照强制性与自愿性的标准进行分类后进行的单变量 T 检验结果如表 4-6 所示。表 4-6 的数据显示，强制性业绩承诺组和自愿性业绩承诺组的业绩承诺的完成情况存在显著的差异，自愿性业绩承诺组对应的业绩承诺完成百分比的均值显著更低。同时，强制性业绩承诺组和自愿性业绩承诺组样本对应的上市公司资产规模、资产负债率、盈利水平、股权制衡度、产权性质、并购交易的溢价率、并购交易规模、并购交易类型和资产评估机构规模等变量值也存在显著的差异。

表4-6 强制性业绩承诺组与自愿性业绩承诺组的单变量T检验

变量	强制组观测值	强制组均值	自愿组观测值	自愿组均值	组间均值差额
complete	858	1.111	324	1.054	0.058**
overcon	858	0.452	324	0.435	0.017
size	858	22.243	324	22.03	0.214***
lev	858	0.445	324	0.378	0.066***
roe	858	0.091	324	0.065	0.027***
balance	858	0.609	324	0.558	0.051***
state	858	0.332	324	0.13	0.203***
premium	858	4.184	324	8.365	-4.181***
relatsize	858	5.869	324	2.549	3.320**
sameind	858	0.434	324	0.574	-0.141***
eveluate5	858	0.413	324	0.491	-0.078**
big4	858	0.024	324	0.019	0.006

注：*、**、***分别表示在10%、5%、1%水平上显著。

为进一步验证不同业绩承诺种类情况下管理者过度自信与业绩承诺完成百分比关系是否存在显著的差异，对存在业绩承诺的样本按照强制性与自愿性的标准进行分类后，采用模型（4-1）的形式进行分组回归。具体回归结果如表4-7所示。

可以看到，在强制性业绩承诺组，管理者过度自信与业绩承诺完成百分比之间的回归系数为负但不显著；而在自愿性业绩承诺组，管理者过度自信与业绩承诺完成百分比之间的回归系数显著为负。即在自愿性业绩承诺的情况下，管理者过度自信与业绩承诺完成百分比之间的负相关关系更加显著。

表4-7 不同业绩承诺类型下管理者过度自信与业绩承诺完成百分比关系的变化

变量	第一阶段	第二阶段	强制组	自愿组
overcon	-0.280***	-0.045**	-0.020	-0.058*
	(-3.25)	(-2.09)	(-0.85)	(-1.75)
size	-0.127**	0.041**	0.049**	-0.031
	(-2.45)	(2.52)	(2.85)	(-0.94)

续表

变量	第一阶段	第二阶段	强制组	自愿组
lev	-0.844***	-0.317***	-0.264***	-0.340**
	(2.88)	(-3.85)	(-3.04)	(-2.33)
roe	0.228	0.817***	0.738***	0.667**
	(0.49)	(4.58)	(4.32)	(2.39)
$balance$	-1.199***	0.059	0.035	0.004
	(-4.72)	(0.85)	(0.46)	(0.03)
$state$	-0.336***	0.058*	0.079**	-0.007
	(-3.16)	(1.91)	(2.54)	(-0.11)
$premium$	0.038*	-0.002	0.001	-0.004*
	(1.77)	(-1.32)	(0.50)	(-1.77)
$relatsize$	0.164***	-0.000	-0.000	-0.001
	(3.71)	(-0.07)	(-0.56)	(-0.96)
$sameind$	-0.315***	0.008	0.002	-0.001
	(-3.45)	(0.33)	(0.07)	(-0.03)
$eveluate5$	0.287***	-0.036	-0.048*	0.049
	(3.15)	(-1.59)	(-1.80)	(1.51)
$big4$	-0.248	-0.010	-0.084	0.222
	(-1.09)	(-0.10)	(-0.83)	(1.04)
IMR		0.016	-0.034	0.374
		(0.18)	(-0.36)	(1.54)
_cons	3.898***	0.162	-0.087	1.730**
	(3.83)	(0.49)	(-0.26)	(2.41)
行业	控制	控制	控制	控制
年度	控制	控制	控制	控制
N	1449	1182	858	324
R^2	0.248	0.116	0.115	0.237

注：列二括号内的数值为z值，其余括号内的为t值；*、**、***分别表示在10%、5%、1%水平上显著。

第四节 稳健性检验

一、使用滞后一期数据

将除了交易特征变量以外的控制变量均调整为滞后一期的数据。调整控制变量所属时间后重新进行的回归分析结果如表4-8所示。

表4-8 管理者过度自信与业绩承诺完成百分比关系的稳健性检验

变量	全样本	删除无承诺样本	
		第一阶段	第二阶段
overcon	-0.047***	-0.262***	-0.043**
	(-2.66)	(-3.08)	(-1.98)
size	-0.002	-0.212***	0.007
	(-0.21)	(-4.56)	(0.56)
lev	-0.091	-0.076	-0.120**
	(-2.07)	(-0.30)	(-2.23)
roe	0.131**	-0.185	0.181**
	(2.36)	(-0.48)	(2.44)
balance	0.060	-0.762***	0.064
	(1.25)	(-3.10)	(1.10)
state	0.039*	-0.282***	0.059**
	(1.82)	(-2.64)	(2.23)
premium	-0.001	0.043*	-0.002
	(-0.88)	(1.95)	(1.20)
relatsize	0.001	0.143***	0.001
	(1.14)	(3.36)	(0.80)
same_ind	-0.007	-0.285***	0.005
	(-0.36)	(-3.16)	(0.20)
eveluate5	-0.024	0.302***	-0.034
	(-1.33)	(3.32)	(-1.51)

续表

变量	全样本	删除无承诺样本	
		第一阶段	第二阶段
big4	-0.041	-0.304	-0.023
	(-0.59)	(-1.30)	(-0.22)
IMR			0.016
			(0.18)
_cons	1.002***	4.278***	0.906***
	(5.68)	(4.51)	(3.51)
行业	控制	控制	控制
年度	控制	控制	控制
N	1471	1444	1177
R^2	0.055	0.239	0.065

注：列三括号内的数值为 z 值，其余括号内的为 t 值；*、**、*** 分别表示在 10%、5%、1% 水平上显著。

表4-8中的数据提示，无论是否保留无承诺样本，管理者过度自信与业绩承诺完成百分比的回归系数均显著为负，管理者越是过度自信，业绩承诺的完成情况越差。这一结果与前文所得结论没有实质性的差异。

二、改变管理者过度自信的定义办法

沿用前文稳健性检验时所用的新的管理者过度自信的定义办法：新的管理者过度自信变量记为 overcon2。如果单个样本的前三名管理者的薪酬之和除以全部管理者的薪酬总额计算出的相对薪酬高于年度行业均值，即判定为管理者过度自信，对应的 overcon2 取值为 1，否则取值为 0。

采用新的办法定义得到管理者过度自信的数据后重新进行的有关回归分析结果如下。

表4-9的数据显示，管理者过度自信与业绩承诺完成百分比的回归系数显著为负。管理者过度自信公司的业绩承诺完成百分比会更低。在进一步对有承诺的样本进行分组后，强制性业绩承诺组的管理者过度自信与业绩承诺完成百分比的回归系数为负但不显著；自愿性业绩承诺组管理者过度自信与业绩承诺完成百分比的回归系数显著为负；这一新的回归结果与前文所得结论仍然没有产生实质性差异。

表4-9 不同业绩承诺类型下管理者过度自信与业绩承诺完成百分比关系的变化2

变量	全样本	第一阶段	第二阶段	第二阶段强制组	第二阶段自愿组
overcon	-0.032*	-0.345***	-0.038*	-0.021	-0.072**
	(-1.81)	(-3.87)	(-1.92)	(-0.89)	(-2.09)
size	0.021*	-0.155***	0.034**	0.048***	-0.038
	(1.92)	(-2.95)	(2.31)	(2.81)	(-1.16)
lev	-0.245***	-0.833***	-0.259***	-0.267***	-0.372**
	(-3.79)	(-2.88)	(-3.68)	(-3.08)	(-2.52)
roe	0.628***	0.247	0.759***	0.740***	0.656**
	(4.66)	(0.53)	(5.25)	(4.33)	(2.37)
balance	0.040	-1.191***	0.043	0.030	-0.023
	(0.83)	(-4.66)	(0.66)	(0.41)	(-0.16)
state	0.042*	-0.371***	0.050*	0.077**	-0.020
	(1.94)	(-3.47)	(1.77)	(2.45)	(-0.30)
premium	-0.002	0.038*	-0.002	0.001	-0.003
	(-1.22)	(1.76)	(-1.15)	(0.53)	(-1.48)
relatsize	0.000	0.162***	-0.000	-0.000	-0.001
	(0.44)	(3.65)	(-0.22)	(-0.52)	(-0.71)
same_ind	-0.003	-0.325***	0.006	0.000	-0.019
	(-0.16)	(-3.58)	(0.28)	(0.00)	(-0.45)
eveluate5	-0.030*	0.273***	-0.031	-0.046*	0.059*
	(-1.65)	(2.98)	(-1.51)	(-1.76)	(1.78)
big4	-0.032	-0.281	-0.012	-0.086	0.219
	(-0.46)	(-1.24)	(-0.12)	(-0.84)	(1.04)
IMR			0.034	-0.020	0.531**
			(0.40)	(-0.22)	(2.03)
_cons	0.682***	4.582***	0.269	-0.075	1.778**
	(3.48)	(4.39)	(0.87)	(-0.22)	(2.50)
行业	控制	控制	控制	控制	控制
年度	控制	控制	控制	控制	控制
N	1476	1449	1182	858	324
R^2	0.091	0.251	0.111	0.115	0.244

注:列三括号内的数值为z值,其余括号内的为t值;*、**、***分别表示在10%、5%、1%水平上显著。

本章小结

本章将研究的时间推进到了业绩承诺的执行和完成期,具体考察管理者过度自信与业绩承诺完成百分比之间的关系。研究首先分析了收购方管理者的过度自信是否会抑制或者拉低目标资产业绩承诺的完成百分比,其次以分组回归的形式验证了业绩承诺种类不同的情况下,二者的关系是否会发生改变。

在本章的研究中,使用目标资产取得的年实际业绩除以目标资产的承诺业绩来衡量目标资产的业绩承诺完成百分比。考虑到数据特殊的处理步骤,继续采用了调整样本容量的做法,删除无承诺样本,并辅以 Heckman 两阶段回归模型进行了相关因素的关系分析。另外,本章除了采取替换变量、变更管理者过度自信的定义办法,还采用了滞后一期控制变量的做法来验证研究结论的稳健性。

本章的研究有如下发现:

第一,管理者过度自信会对业绩承诺的完成百分比造成显著的负面影响。过度自信的管理者容易对目标资产未来的业绩水平过度乐观,高估业绩承诺的完成情况。同时,因为乐于采用冒险激进的经营管理策略,过度自信的管理者很可能增大公司的财务负担和经营风险,给业绩承诺的完成带来更大程度的不确定性。

第二,强制性业绩承诺与自愿性业绩承诺在业绩承诺完成百分比上存在显著的差异。强制性业绩承诺的完成百分比显著高于自愿性业绩承诺的完成百分比。

第三,在业绩承诺的种类不同的情况下,管理者过度自信与业绩承诺完成百分比之间的关系也将不同。在自愿性业绩承诺条件下,管理者过度自信与业绩承诺完成百分比之间的负相关关系将更加显著。

第五章 管理者过度自信、财务顾问声誉与业绩承诺

并购风险的存在,很大程度上源于信息获取和识别的困难。并购活动中,我国企业普遍面临信息透明度低的难题(Hoskisson 等,2000)。并购双方的知识、信息不对称使得目标企业隐匿内部信息、阻碍资源整合成为可能。并购前,并购方在获取准确信息、识别目标资产真实价值问题上将承受不确定性风险;并购完成后,不确定性风险主要集中于机会主义行为和企业资源整合障碍两大方面(Balakrishnan 和 Koza,1993;高良谋,2003;Chen 和 Hennart,2004)。市场制度建设不完备、交易结果不确定和信息分布不对称等问题的出现催生了专业咨询机构中介服务的繁盛(Williamson,1985)。研究表明,金融中介机构在资本市场的投融资活动中扮演着重要的角色(Campbell 和 Kracaw,1980;Bao 和 Edmans,2011)。收购方可以借助专业咨询机构破解信息不对称的困局,更好地应对并购中可能出现的问题(Basu,2011;张建红等,2010;孙铁、武常岐,2014)。不仅如此,专业的咨询机构还能利用自身知识和能力优势向收购方提供谈判过程中所需的专业意见,通过协助并购方与目标企业讨价还价、订立合约的形式来管控并购交易风险,保护收购方的利益(Kesner 等,1994;Pablo 等,1996)。因此,在信息不对称问题严重、整合问题错综复杂的交易环境中,咨询机构的聘用极为关键。

第四章的研究结果表明,收购方管理者的过度自信将导致其显著降低对业绩承诺的诉求,而缺失了业绩承诺的保障,无疑使收购方陷入了更大的并购风险之中。专业咨询机构既然已经被证实可在一定程度上降低并购风险,是否也能在转变过度自信管理者对待业绩承诺的态度上发挥作用是完全值得验证的一个话题,同时这也是为本文第四章提出的问题寻找解决路径而必须获得的理论和经验证据上的支持。

为保证并购交易的顺利推进和成功实施,并购交易双方可能需要聘请不同类

型的专业中介机构,如会计师事务所、资产评估机构、财务顾问、律师事务所等。选择财务顾问为研究对象的原因在于,财务顾问将全程跟进上市公司重大资产重组交易活动。证监会发布的《上市公司重大资产重组管理办法》要求:作为收购方的上市公司需委托所聘请的财务顾问依法依规向证监会提供重大资产重组的各项申报材料;财务顾问需就重大资产重组相关事项的合规性及风险进行核查,出具明确的意见;并购交易完成后,财务顾问还需对重大资产重组完成情况发表明确的结论性意见,并对后续的资产交付、承诺履行、业务发展、公司治理等多个方面进行持续督导。由此看来,财务顾问的工作已然实现了对并购交易进程的全覆盖,对并购各阶段性成果负有知情、咨询、核查和督导的责任,必然对并购交易产生全面的、重大的影响。因此,本部分选择关注财务顾问的调节作用,借此厘清收购方管理者过度自信、财务顾问声誉和业绩承诺之间的关系,以期为并购交易双方、投资者及监管层的决策提供更多的参考。

第一节 理论分析与假设提出

并购交易的复杂程度远超普通交易活动,目标资产的筛选、交易方案的选择、后期资源的整合等过程中,收购方面临诸多不确定性。以上不确定性的存在最终也使得并购很难为企业创造价值(Jensen 和 Ruback, 1983; Bruner, 2002; Papadakis, 2005; 周小春、李善民, 2008; 唐兵等, 2012)。财务顾问选聘是收购方破解信息不对称困局、准确评价目标资产价值、最大程度捕获并购协同效应, 降低并购风险的一项重要策略(Servaes 和 Zenner, 1996; 孙轶、武常岐, 2014)。

一、管理者过度自信、财务顾问声誉与是否承诺及承诺增长率

过度自信的管理者发生决策偏差的重要原因之一是信息不确定性的存在。有限理性理论指出,认知和决策的偏差源于行为人获取信息、处理信息的能力和精力是有限的。但只要存在充分的信息反馈机制和反复的学习过程,降低信息的不确定性程度,减轻个人心理特征对个人决策的影响力,过度自信导致认知及行为

偏差的概率将大大降低。

公司并购决策体系中存在的结构性缺陷需要外部中介机构的适度介入,以应对信息不对称、政策不规则演变以及并购后整合与协同困境等并购风险(Basu,2011;张建红,2010)。财务顾问可以凭借自己丰富的执业经验,以提供咨询服务的形式,削弱信息的"模糊性"给并购交易带来的不利影响(韩倩倩、李彬,2015)。

财务顾问的介入可以削弱收购方决策人心理特征对并购决策的影响力,降低二者之间的关联程度。财务顾问的专业技术知识及其积累的执业经验能够帮助收购方更准确地识别目标资产价值、推进并购交易谈判的顺利实施(Basu,2011;Pablo等,1996)。聘用财务顾问后,收购方管理者在并购交易过程中面临的关注视野受限问题将可能得到改善。原因在于,财务顾问的信息咨询服务能够帮助管理者更充分地了解交易环境和背景,更大程度地扫除认知障碍。财务顾问给予的专业意见利于管理者突破既有知识结构的限制,不仅节约了环境考察、目标资产价值估计、并购方案甄选、资源整合方案设计所需的时间成本,还可以有效提升相关工作的质量。财务顾问服务减少了并购交易中的信息不确定性,更多理性决策的基础条件得以达成,并购决策过程中管理者因为受自身心理特征的影响而发生认知偏差、造成决策偏误的概率将得以降低。

虽然高声誉财务顾问可能无法直接改变管理者过度自信的状态,但他能够更好地切断过度自信与决策、行为偏差之间的高度相关性。高声誉财务顾问的咨询服务实质上为管理者建立起了有质量保证的信息反馈系统,并借助对自身专业知识和技能的输出给过度自信的管理者提供了反复学习的机会。根据有限理性理论的逻辑,当高声誉的财务顾问提高了并购交易中的信息透明度、建立起了更有效率的信息反馈通道,过度自信的管理者认知受限的局面将大为改观。过度自信的管理者得以更充分地了解目标资产,并能借助高声誉财务顾问的工作快捷、准确地判别目标资产的盈利潜能,理性看待并购行为对目标资产盈利水平的影响,从而可以对是否需要签订业绩承诺协议做出更加中肯的判断。

而低声誉财务顾问的咨询服务可能在过度自信的管理者面前显得说服力不足,其信息输出和反馈的效率将大打折扣。管理者对财务顾问的咨询建议持抵触和回避的立场,不利于改善自身在并购决策中的认知视野受限问题。同时,财务顾问的功能就是咨询服务，不具备并购交易的最终决策权。当管理者过于强势，财务顾问的工作就难以发挥效力。低声誉的财务顾问本身在专业能力、执业质量上的缺陷使其在引导管理者认知方面的能力进一步被削弱。从而，低声誉的财务顾问难以让过度自信的管理者对待业绩承诺的态度发生明显的转变。

由此，本书提出如下假设：

假设5.1a：财务顾问声誉越好，管理者过度自信对业绩承诺协议签订的负面影响越小；

假设5.1b：财务顾问声誉越好，管理者过度自信对业绩承诺增长率的负面影响越小。

二、管理者过度自信、财务顾问声誉与业绩承诺完成百分比

依据标准声誉理论的观点，声誉本质上属于一种激励机制，这一机制可以更有效地保证交易人履行合约的绩效，市场中的交易人有较强的积极性建立和维护良好的声誉。Tadelis（2003）在论及声誉的维护效应时给出的解释是，好的企业比差的企业更乐于维护声誉——维护美好的声誉有助于企业长期获利，而这种获利又可以成为好的企业维护声誉的有效激励。Mailath和Samuelson（2001）也表示，企业在市场中的博弈最终会导致有能力的企业通过提高努力程度来将自己与低能企业区别开来。为从众多的咨询机构中脱颖而出，争取到更高的服务溢价和更大的市场份额，高声誉的财务顾问有充分的动机维护自己良好的业界形象和口碑，保证自己的咨询服务质量。

《管理办法》还规定，目标资产实际业绩如未能达到承诺业绩的80%，财务顾问必须发布专门的公告，澄清目标资产无法实现承诺的原因；如果目标资产实际业绩不足承诺业绩的50%，相关监管机构将问责参与并购的财务顾问，包括问询、谈话、警示、处罚，直至移送司法机关追究相应法律责任。因目标资产业绩承诺的无法足额完成而必须对投资者做出道歉，无疑会损害财务顾问经过长期努力建立起来的声誉。财务顾问甚至会因此遭到处罚，并面临客户资源的流失，负面影响还将波及财务顾问的存续和发展壮大。

而且，高声誉的财务顾问确实具备更为出色的专业技能，执业能力和执业质量更为突出。这些专业优势使得高声誉的财务顾问能够更有效地降低并购过程中

的不确定性,给管理者提供更高质量的信息反馈和宝贵的学习机会,提高了并购决策过程中过度自信的管理者面临的信息透明程度。Hunter 和 Jagtiani(2004)、Graham 等(2017)以及 Bi 和 Wang(2018)的研究都曾指出,高声誉的财务顾问在目标资产锁定、目标资产价值识别和并购协同效应的捕捉方面具备突出的优势。Kale 等(2003)提供的证据显示,收购活动创造的总财富与收购方和目标方聘请的财务顾问的声誉正相关。Song 等(2013)也发现,复杂并购交易中"精品"级别的财务顾问促成了更成功的交易结果。

高声誉的财务顾问为并购交易的顺利实施提供了良好的基础,其提供和建议的资产接管及资源整合方案保证了后期业绩承诺的完成质量。一方面,高声誉的财务顾问通过自身过硬的专业知识给出了更加合理的目标资产价格建议,控制了并购交易的成本,为收购方节约了资源,降低了收购方面临的财务负担,变相实现了对后期配套资源投入的扩容。另一方面,高声誉的财务顾问针对业绩承诺协议具体条款的专业意见给目标资产的盈利水平设定了相对合理的目标,增大了业绩承诺高质量完成的可能性。同时,高声誉财务顾问向收购方提供了更加有效的资源整合建议,保证了目标资产后期的运营和管理效率,从而为目标资产实现价值创造预期设定了更有效的路径。

基于以上分析,本书进一步提出如下假设:

假设 5.2:财务顾问声誉越好,管理者过度自信对业绩承诺完成百分比的负面影响越小。

第二节 研究设计

一、研究样本与数据来源

与第四章的研究样本、数据来源保持一致,本章仍然以 Wind 数据库发布的重大资产重组信息为基础,选取沪深两市 A 股上市公司中首次公告日不早于 2008 年 5 月 18 日,并购交易完成日或目标资产过户日不迟于 2017 年 12 月 31

日，收购方为上市公司的重大资产重组事件为研究样本，样本后续的筛选同样选择删除收购方或目标资产属于金融及保险业的样本，删除相关信息不全的样本，删除资产负债率大于1的样本。对业绩承诺执行兑现阶段的数据进行筛选时仍将业绩承诺期为3年，且已经在2017年12月31日完成了全部业绩承诺兑现的并购交易的3年的业绩承诺兑现率为样本；同时保留无业绩承诺且交易完成时间早于2016年1月1日的并购事件作为样本，并将这些样本3年的业绩承诺完成百分比直接设定为1。本章节最终获得的业绩承诺协议订立阶段的有效样本数为925个，业绩承诺执行阶段的有效样本为1476个。

除业绩承诺信息是通过手工整理上市公司（收购方）发布的经核准后的资产交易报告书所得外，本章新增的财务顾问信息也来自对上述交易报告书的手工整理。在搜集整理出并购交易聘请的财务顾问名单后，利用中国证券业协会官网发布的上市公司并购重组财务顾问业务执行能力评级信息、证券公司并购重组财务顾问营收排名信息分析处理得到财务顾问声誉数据。衡量管理者是否过度自信所用的薪酬信息、上市公司的财务数据、产权性质、股权结构等信息均来自CS-MAR数据库；资产重组类型信息来自Wind数据库。

二、变量定义与模型设定

（一）变量定义

管理者过度自信指标、业绩承诺相关指标的定义与第四章定义相同，在此不再赘述。

1. 财务顾问声誉（reputation）

目前尚没有明确、统一的并购重组背景下的财务顾问声誉的定义。

并购交易中的财务顾问致力于评估独立和组合项目的价值、提出获得协同效应的方案。尽管财务顾问的这些活动产生的信息使隐藏的价值更加透明，但它们已经超越了单纯的价值鉴证。财务顾问的咨询服务实际上提供了创造价值的机会。收购方聘请的财务顾问努力确保以尽可能低的报价成功实施收购，而目标公司的财务顾问则试图借助提供收购防御措施及部署建议、搜寻其他收购者等方式来增加收购的溢价。因此，Kale等（2003）建议，财务顾问声誉的概念应充分考虑财务顾问提供咨询服务的工作内容、性质及最终的结果。

本书认为，财务顾问声誉是财务顾问过去的咨询服务行为结果的体现，代表了财务顾问提供咨询服务的质量高低，而这种服务质量的评价标准可以来自多个方面：①财务顾问咨询服务的交易额及其促成的并购交易完成的比率；②财务顾问的客户在获得咨询服务后的绩效表现；③专业评级机构的评价。财务顾问咨询服务交易额及其促成的并购交易完成百分比越大、客户之后的绩效表现越好、专业评级机构的评级越高，财务顾问的声誉就越好。

研究人员提出了几种不同的声誉衡量标准。Meginson 和 Weiss（1991）、Servaes 和 Zenner（1996）以及 Kale 等（2003）都在自己的研究当中使用了市场份额法来描述财务顾问声誉的高低。这种定义方式一般的做法是：每年根据财务顾问当年的市场份额（顾问服务完成的交易额）为其分配一个等级，然后依据财务顾问在整个样本期间的平均年度排名，得出其最终排名，并以最终排名为基础确认财务顾问的声誉高低。Bowers 和 Miller（1990）、Michel 等（1991）以及 Rau（2000）也认为，可以借助财务顾问市场份额来衡量财务顾问的声誉高低。而 Song 等（2013）指出，声誉在以前的文献中的定义过于模糊，因为市场份额可能代表的是全部业务特征的结果，不一定是卓越业绩的结果。Bao 和 Edmans（2011）则表示，与市场份额相比，客户的业绩可能是更适合衡量财务顾问声誉的，因为他们发现，在公告期回报和交易完成率方面表现突出的财务顾问与出色的股东价值创造能力存在显著的相关性。

在我国，并购重组财务顾问的工作一般由证券公司完成，中国证券业协会作为官方监管机构从 2013 年开始发布上市公司并购重组财务顾问业务执行能力评级信息，已经形成了对财务顾问声誉的权威定义。评级工作将依证券公司执业能力分别从业务指标和执业质量两大方面，按综合实力、业务能力和执业质量三要素评出 A、B、C 三个层级。其中，A 级代表执业能力强、执业质量优秀，B 级表示执业能力较强、执业质量良好，C 级则表明执业能力较弱、执业质量差。因为中国证券业协会对证券公司的专业评级从 2013 年开始，2008～2012 年财务顾问的声誉本文将借鉴 Kale 等（2003）的市场份额法，以中国证券业协会发布的并购重组财务顾问营业收入排名来替代。

本书对财务顾问声誉（*reputation*）的具体定义方法为：2008～2012 年中国证券业协会公布的上市公司重大资产重组聘请的财务顾问的并购重组顾问收入排

名如进入全国前五名，即定义为高声誉，取值为 1，否则取值为 0；2013 年至 2017 年上市公司聘请的重大资产重组财务顾问在中国证券业协会的专业评级中如被评为 A 级则定义为高声誉，取值为 1，否则取值为 0。

2. 控制变量

控制变量与第四章相同，仍然选择将公司财务特征、治理特征及并购交易特征纳入控制范围。上市公司财务特征变量包括资产规模（size）、资本结构（lev）、盈利水平（roe），治理特征变量包括股权制衡度（balance）、上市公司产权性质（state），交易特征变量包括目标资产溢价率（Premium）、资产重组类型（sameind）、资产重组交易规模（relatsize）、资产评估机构规模（eveluate5）和审计机构规模（big4）。本章的模型同样对行业（IND）和年度（YEAR）进行了控制。

详细的变量定义如表 5-1 所示。

表 5-1 变量的定义

变量	变量符号	变量定义
业绩承诺协议的签订	promiseyn	签订目标资产业绩承诺协议时，取值为 1，否则取值为 0
业绩承诺增长率	promlevel	承诺期内目标资产业绩承诺年增长率的均值，承诺期 1 年及无承诺样本取值为 0
业绩承诺完成百分比	complete	目标资产实际业绩除以承诺业绩，无承诺时取 1
管理者过度自信	overcon	相对薪酬的残差高于年度行业均值时取值为 1，否则为 0
财务顾问声誉	reputation	2008~2012 年财务顾问并购重组顾问收入排名前五，即为高声誉，取值为 1，否则取值为 0；2013~2017 年财务顾问的专业评级为 A，则定义为高声誉，取值为 1，否则取值为 0
上市公司资产规模	size	上市公司总资产的自然对数
上市公司资本结构	lev	上司公司总负债除以总资产
上市公司盈利水平	roe	上市公司净利润除以净资产
股权制衡度	balance	第一大股东持有上市公司股权的比例除以上市公司前五大股东持股比例之和
上市公司产权性质	state	上市公司为国有企业，取值为 1，否则为 0
目标资产溢价率	premium	目标资产交易价格高于账面价的比率
资产重组交易规模	relatsize	目标资产交易价格除以并购完成前 1 年的上市公司总资产
资产重组类型	sameind	资产重组为横向并购，取值为 1，否则为 0
资产评估机构规模	eveluate5	资产评估机构排名全国前五，取值为 1，否则为 0
审计机构规模	big4	目标资产报表审计机构位列国际四大，取值为 1，否则取值为 0

(二) 模型设定

为了分析不同的财务顾问声誉背景下管理者过度自信与业绩承诺协议签订以及管理者过度自信与业绩承诺增长率的关系，采用模型（5-1）的形式进行分组回归分析，检验前文提出的假设 5.1a、假设 5.1b。

$$promiseyn/promlevel = \alpha_0 + \alpha_1 overcon + \alpha_2 size + \alpha_3 lev + \alpha_4 roe + \alpha_5 balance + \alpha_6 state + \alpha_7 premium + \alpha_8 relatsize + \alpha_9 sameind + \alpha_{10} eveluate5 + \alpha_{11} big4 + \sum IND + \sum YEAR + \varepsilon \quad (5-1)$$

为进一步考证不同的财务顾问声誉背景下管理者过度自信与业绩承诺完成百分比之间的关系，依模型（5-2）的形式进行分组回归分析，检验前文的假设 5.2。

$$complete = \alpha_0 + \alpha_1 overcon + \alpha_2 size + \alpha_3 lev + \alpha_4 roe + \alpha_5 balance + \alpha_6 state + \alpha_7 premium + \alpha_8 relatsize + \alpha_9 sameind + \alpha_{10} eveluate5 + \alpha_{11} big4 + \sum IND + \sum YEAR + \varepsilon \quad (5-2)$$

第三节 实证结果及分析

一、相关性分析

表 5-2 的数据显示，管理者过度自信变量与业绩承诺协议签订变量、业绩承诺增长率变量的相关系数显著为负；财务顾问声誉与业绩承诺相关变量和管理者过度自信的相关系数均不显著。表 5-3 的数据显示，管理者过度自信变量与业绩承诺完成百分比变量的相关系数显著为负；财务顾问声誉与业绩承诺完成百分比的相关系数显著为正，而财务顾问声誉与管理者过度自信的相关系数不显著。相关系数的结果并不能很好地说明财务顾问声誉可以调节管理者过度自信与业绩承诺之间的关系，三者间的关系尚需进一步验证。

表 5-2 业绩承诺协议订立阶段主要变量相关系数表

变量	promiseyn	promlevel	overcon	repuation	size	lev	roe	balance	state	premium	relatsize	sameind	eveluate5	big4
promiseyn	1													
promlevel	0.395***	1												
overcon	-0.103***	-0.085***	1											
repuation	0.017	0.038	-0.027	1										
size	-0.282***	-0.146***	0.014	0.152***	1									
lev	-0.116***	-0.103***	0.031	-0.047	0.461***	1								
roe	0.025	0.054	0.000	0.081**	0.005	-0.293***	1							
balance	-0.113***	-0.083***	0.050	-0.081***	0.154***	0.275***	-0.091***	1						
state	-0.214***	-0.204***	0.046	-0.055*	0.365***	0.352***	-0.154***	0.341***	1					
premium	0.165***	0.180***	-0.037	0.074***	-0.133***	-0.168***	0.091***	-0.137***	-0.263***	1				
relatsize	0.097***	0.105***	0.071**	-0.012	-0.342***	-0.079**	-0.046	-0.025	-0.076**	0.013	1			
sameind	-0.121***	-0.005	-0.022	0.083***	0.094***	-0.110***	0.115***	-0.055*	-0.030	0.022	-0.239***	1		
eveluate5	0.077**	0.095***	0.033	-0.014	-0.023	-0.016	-0.066**	-0.018	-0.010	0.016	0.088***	-0.078**	1	
big4	-0.202***	-0.103***	0.050	0.035	0.190***	0.033	-0.014	0.016	0.103***	-0.020	0.016	0.066**	0.011	1

注：*、**、***分别表示在10%、5%、1%水平上显著。

表 5-3 业绩承诺完成阶段主要变量相关系数表

变量	complete	overcon	repuation	size	lev	roe	balance	state	premium	relatsize	sameind	eveluate5	big4
complete	1												
overcon	-0.072***	1											
repuation	0.076***	-0.006	1										
size	0.020	-0.005	0.097***	1									
lev	-0.080***	-0.046*	-0.057***	0.517***	1								
roe	0.193***	-0.019	0.008	0.035	-0.009	1							
balance	0.045*	0.086***	-0.027	0.129***	0.138***	0.063**	1						
state	0.048*	0.045*	-0.072***	0.249***	0.230***	-0.026	0.327***	1					
premium	-0.026	-0.015	0.070***	-0.176***	-0.316***	-0.021	-0.244***	-0.317***	1				
relatsize	0.052**	0.010	-0.024	-0.025	0.023	0.150***	-0.050*	0.033	-0.052**	1			
sameind	-0.010	-0.069***	0.094***	0.011	-0.056**	-0.054**	0.037	-0.011	-0.019	-0.096***	1		
eveluate5	-0.047*	0.038	-0.002	-0.011	-0.035	0.051*	-0.097***	-0.017	0.075***	0.052**	-0.054**	1	
big4	-0.015	0.003	0.018	0.137***	0.086***	-0.031	0.069***	0.083***	-0.051*	-0.019	0.024	0.030	1

注: *、**、***分别表示在10%、5%、1%水平上显著。

二、回归分析

(一) 不同财务顾问声誉背景下管理者过度自信与业绩承诺协议签订的关系

从表 5-4 的数据可以看到,全样本时,管理者过度自信变量与业绩承诺协议签订变量 promiseyn 回归系数分别为 -0.283 和 -0.274,对应的显著性水平分别为 1% 和 5%。进行分组回归时,在高声誉财务顾问情况下,管理者过度自信与业绩承诺协议签订变量的回归系数并不显著;而在低声誉财务顾问的情况下,管理者过度自信与业绩承诺协议签订变量的回归系数在 1% 水平上显著为负。财务顾问声誉越高,管理者过度自信对业绩承诺协议签订的负面影响越小。前文所提假设 5.1a 得到了验证。

表 5-4 不同财务顾问声誉背景下管理者过度自信与业绩承诺协议签订的关系

变量	全样本	全样本	高声誉财务顾问	低声誉财务顾问
overcon	-0.283***	-0.274**	-0.064	-0.562***
	(-2.63)	(-2.41)	(-0.38)	(-2.75)
size	-0.260***	-0.343***	-0.542***	-0.256**
	(-4.04)	(-4.86)	(-5.39)	(-2.37)
lev	0.389	0.892**	1.047*	1.428**
	(1.18)	(2.46)	(1.93)	(2.30)
roe	0.257	0.116	-0.691	0.573
	(0.99)	(0.36)	(-0.98)	(1.13)
balance	-0.449	-0.210	0.002	-0.261
	(-1.45)	(-0.64)	(0.01)	(-0.42)
state	-0.266**	-0.103	-0.191	0.147
	(-1.98)	(-0.71)	(-1.00)	(0.58)
premium	0.038**	0.031*	0.021	0.177***
	(2.16)	(1.94)	(1.62)	(3.52)
relatsize	0.058	0.091	0.157**	0.043
	(1.28)	(1.83)	(2.08)	(0.68)
sameind	-0.291**	-0.206*	0.020	-0.564***
	(-2.46)	(-1.68)	(0.12)	(-2.70)

续表

变量	全样本	全样本	高声誉财务顾问	低声誉财务顾问
*eveluate*5	0.292***	0.369***	0.559***	0.502**
	(2.58)	(3.08)	(3.14)	(2.36)
*big*4	-0.738***	-0.734***	-1.130***	-0.341
	(-3.74)	(-3.34)	(-3.78)	(-0.76)
_cons	6.855***	1.843	10.752***	3.784*
	(5.00)	(1.19)	(4.87)	(1.65)
行业		控制	控制	控制
年度		控制	控制	控制
N	925	898	525	327
R^2	0.178	0.257	0.331	0.308

注：括号内的数值为 z 值；*、**、*** 分别表示在 10%、5%、1% 水平上显著。

回归结果说明，声誉更高的财务顾问提供的咨询服务更多地降低了管理者的视野受限程度，财务顾问高质量的信息输出确实减弱了心理特征因素对管理者决策直至对公司决策的影响，改变了过度自信的管理者之前对待业绩承诺的过于冒险激进的看法和态度。财务顾问的声誉越高，过度自信的管理者所在的收购方就会不再表现出显著的拒绝业绩承诺协议的倾向。

从表 5-4 的数据还可以发现，当财务顾问声誉高低不同时，目标资产溢价率、并购交易规模、并购交易类型以及目标资产审计机构规模与业绩承诺协议签订的关系也会发生显著的变化。当财务顾问声誉较高时，并购交易规模与业绩承诺协议签订的正相关关系更显著、目标资产审计机构规模与业绩承诺协议签订的负相关关系更显著。当财务顾问声誉较低时，目标资产溢价率与业绩承诺协议签订的正相关关系更显著、并购交易类型与业绩承诺协议签订的负相关关系更显著。

（二）不同财务顾问声誉背景下管理者过度自信与业绩承诺增长率的关系

为验证并购过程中财务顾问声誉是否显著影响管理者过度自信与业绩承诺增长率之间的关系，按照模型（5-1）的形式进行的分组回归结果如表 5-5 所示。

表5-5 不同财务顾问声誉背景下管理者过度自信与业绩承诺增长率的关系

变量	全样本	高声誉财务顾问	低声誉财务顾问
overcon	-0.031**	-0.013	-0.071***
	(-2.07)	(-0.69)	(-2.87)
size	-0.008	-0.016	0.010
	(-0.81)	(-1.61)	(0.58)
lev	0.043	0.000	0.075
	(1.06)	(-0.01)	(1.02)
roe	0.029	0.015	0.042
	(0.98)	(0.38)	(0.83)
balance	0.016	0.089*	-0.099*
	(0.43)	(1.76)	(-1.82)
state	-0.048**	-0.078***	0.013
	(-2.38)	(-2.95)	(0.37)
premium	0.003***	0.003***	0.003**
	(3.45)	(2.59)	(2.40)
relatsize	0.008*	0.004	0.012
	(1.64)	(1.48)	(1.41)
sameind	0.020	0.024	0.006
	(1.41)	(1.30)	(0.29)
eveluate5	0.046***	0.050**	0.057**
	(3.03)	(2.46)	(2.19)
big4	-0.085***	-0.097***	-0.033
	(-2.71)	(-2.68)	(-0.57)
_cons	0.200	0.401*	-0.094
	(1.02)	(1.68)	(-0.28)
行业	控制	控制	控制
年度	控制	控制	控制
N	925	566	359
R^2	0.145	0.187	0.214

注：括号内的数值为t值；*、**、***分别表示在10%、5%、1%水平上显著。

从表5-5的回归结果可以看出，全样本时，管理者过度自信变量与业绩承诺增长率回归系数为-0.031,对应的显著性水平为5%。进行分组回归时,在高声誉财务顾问情况下,管理者过度自信与业绩承诺增长率的回归系数并不显著,而在低声誉财务顾问的情况下,管理者过度自信与业绩承诺增长率的回归系数在1%水平上显著为负。财务顾问声誉越高,管理者过度自信对业绩承诺增长率的负面影响越小。前文所提假设5.1b也得到了验证。

同时,表5-5的数据进一步提示,财务顾问声誉高低不同时,收购方股权制衡度、产权性质以及目标资产审计机构规模与业绩承诺增长率的关系存在明显的差异。当财务顾问声誉较高时,收购方产权性质、目标资产审计机构规模均与业绩承诺增长率的负相关关系更显著;当财务顾问声誉较低时,收购方股权制衡度与业绩承诺增长率的负相关关系更显著。

(三)不同财务顾问声誉背景下管理者过度自信与业绩承诺完成百分比的关系

为验证并购过程中财务顾问声誉是否显著影响了管理者过度自信与业绩承诺完成情况之间的关系,按照模型(5-2)的形式进行了分组回归,具体结果如表5-6所示。

表5-6 不同财务顾问声誉背景下管理者过度自信与业绩承诺完成百分比的关系

变量	全样本	高声誉财务顾问	低声誉财务顾问
overcon	-0.051***	-0.037	-0.057**
	(-2.83)	(-1.43)	(-2.46)
size	0.023**	0.022	0.025
	(2.13)	(1.38)	(1.50)
lev	-0.251***	-0.092	-0.436***
	(-3.89)	(-1.10)	(-4.18)
roe	0.623***	0.494***	0.690***
	(4.67)	(3.25)	(2.93)
balance	0.045	0.063	0.039
	(0.94)	(0.87)	(0.62)
state	0.045**	-0.035	0.105***
	(2.07)	(-1.06)	(3.65)
premium	-0.002	-0.003	0.000
	(-1.22)	(-1.59)	(-0.07)

续表

变量	全样本	高声誉财务顾问	低声誉财务顾问
relatsize	0.000	0.000	0.000
	(0.44)	(-0.01)	(0.37)
sameind	-0.005	0.005	-0.024
	(-0.28)	(-0.20)	(-0.94)
eveluate5	-0.029	-0.025	-0.033
	(-1.59)	(-0.98)	(-1.18)
big4	-0.029	0.092	-0.155*
	(-0.42)	(0.85)	(-1.97)
_cons	0.652***	0.441	0.729**
	(3.32)	(0.29)	(2.52)
行业	控制	控制	控制
年度	控制	控制	控制
N	1476	765	711
R^2	0.094	0.092	0.186

注：括号内的数值为 t 值；*、**、*** 分别表示在 10%、5%、1% 水平上显著。

从表 5-6 的回归结果可以看出，全样本时，管理者过度自信变量与业绩承诺完成百分比回归系数为 -0.051，对应的显著性水平为 1%。进行分组回归时，在高声誉财务顾问情况下，管理者过度自信与业绩承诺完成百分比的回归系数并不显著，而在低声誉财务顾问的情况下，管理者过度自信与业绩承诺增长率的回归系数在 5% 水平上显著为负。财务顾问声誉越高，管理者过度自信对业绩承诺完成百分比的负面影响越小。前文所提假设 5.2 得到了验证。

高声誉财务顾问进行有充分质量保证的信息输出，有助于减弱管理者个人决策对其主观判断的依赖程度，更大程度地阻断过度自信对管理者决策造成的影响，令其转变对待业绩承诺问题的态度，调整资源整合和资产运营中的立场，减少使用过于偏激的经营策略。这将有助于提升收购方资产运营管理、资源整合的效率，争取更好的并购绩效表现，提高目标资产未来业绩承诺的完成百分比。

第四节 稳健性检验

一、改变管理者过度自信的定义办法

沿用第四章稳健性检验时使用的管理者过度自信的定义办法：新的管理者过度自信变量记为 overcon2。如果单个样本的前三名管理者的薪酬之和除以全部管理者的薪酬总额计算出的相对薪酬高于年度行业均值，即判定为管理者过度自信，对应的 overcon2 取值为 1，否则取值为 0。采用新的办法定义得到管理者过度自信的数据后重新进行的相关回归分析结果如表 5-7 所示。

表 5-7 管理者过度自信、财务顾问声誉与业绩承诺协议签订的稳健性检验 1

变量	全样本	全样本	高声誉财务顾问	低声誉财务顾问
$overcon2$	-0.273***	-0.234**	-0.122	-0.473**
	(-2.57)	(-2.06)	(-0.73)	(-2.28)
$size$	-0.268***	-0.354***	-0.545***	-0.266**
	(-4.17)	(-5.01)	(-5.44)	(-2.47)
lev	0.392	0.895**	1.045	1.415**
	(1.19)	(2.47)	(1.93)	(2.30)
roe	0.229	0.088	-0.692	0.571
	(0.88)	(0.27)	(-0.99)	(1.14)
$balance$	-0.461	-0.228	0.020	-0.264
	(-1.48)	(-0.70)	(0.05)	(-0.43)
$state$	-0.286**	-0.121	-0.206	0.112
	(-2.14)	(-0.84)	(-1.08)	(0.44)
$premium$	0.038**	0.032**	0.021	0.174***
	(2.19)	(1.97)	(1.62)	(3.41)
$relatsize$	0.060	0.089*	0.160**	0.038
	(1.35)	(1.80)	(2.11)	(0.61)

续表

变量	全样本	全样本	高声誉财务顾问	低声誉财务顾问
sameind	-0.294**	-0.208*	0.018	-0.566***
	(-2.49)	(-1.70)	(0.11)	(-2.73)
eveluate5	0.288**	0.363***	0.554***	0.510**
	(2.54)	(3.05)	(3.12)	(2.41)
big4	-0.764***	-0.760***	-1.147***	-0.373
	(-3.89)	(-3.48)	(-3.85)	(-0.84)
_cons	7.047***	1.649	10.881***	4.069*
	(5.14)	(1.07)	(4.91)	(1.79)
行业		控制	控制	控制
年度		控制	控制	控制
N	925	898	525	327
R^2	0.177	0.255	0.332	0.300

注：括号内的数值为 z 值；*、**、*** 分别表示在 10%、5%、1% 水平上显著。

表 5-7 的数据显示，在全样本情况下，新方式定义的管理者过度自信与业绩承诺协议签订的回归系数显著为负。在分组回归的情况下，收购方聘请的财务顾问的声誉较高时，管理者过度自信与业绩承诺协议签订的回归系数不显著；而财务顾问声誉较低时，管理者过度自信与业绩承诺协议签订的回归系数在 5% 水平上显著为负。这一回归结果再一次印证了前文所得的结论。

表 5-8 是新定义方式下的管理者过度自信、财务顾问声誉与业绩承诺增长率关系的回归结果。在全样本情况下，新方式定义的管理者过度自信与业绩承诺增长率的回归系数显著为负。在分组回归的情况下，收购方聘请的财务顾问的声誉较高时，管理者过度自信与业绩承诺增长率的回归系数不显著；而财务顾问声誉较低时，管理者过度自信与业绩承诺增长率的回归系数在 1% 水平上显著为负。上述回归结果与前文所得的结论没有实质性差异。

表 5-8 管理者过度自信、财务顾问声誉与业绩承诺增长率的稳健性检验 1

变量	全样本	高声誉财务顾问	低声誉财务顾问
overcon2	-0.034**	-0.025	-0.066***
	(-2.29)	(-1.29)	(-2.72)

续表

变量	全样本	高声誉财务顾问	低声誉财务顾问
$size$	-0.009	-0.017*	0.008
	(-0.98)	(-1.73)	(0.46)
lev	0.043	0.001	0.073
	(1.05)	(0.03)	(0.98)
roe	0.025	0.013	0.040
	(0.85)	(0.34)	(0.78)
$balance$	0.012	0.091*	-0.102*
	(0.42)	(1.81)	(-1.87)
$state$	-0.051**	-0.080***	0.007
	(-2.50)	(-3.01)	(0.20)
$premium$	0.003***	0.003***	0.003**
	(3.45)	(2.67)	(2.15)
$relatsize$	0.008*	0.004	0.011
	(1.64)	(1.55)	(1.35)
$sameind$	0.020	0.024	0.006
	(1.42)	(1.31)	(0.26)
$eveluate5$	0.046***	0.049**	0.059**
	(3.03)	(2.43)	(2.24)
$big4$	-0.087***	-0.099***	-0.037
	(-2.79)	(-2.74)	(-0.65)
$\_cons$	0.224	0.431*	-0.049
	(1.15)	(1.80)	(-0.15)
行业	控制	控制	控制
年度	控制	控制	控制
N	925	566	359
R^2	0.146	0.189	0.210

注：括号内的数值为t值；*、**、***分别表示在10%、5%、1%水平上显著。

表5-9是新定义方式下的管理者过度自信、财务顾问声誉与业绩承诺完成百分比关系的回归结果。可以看到，改变了管理者过度自信的定义方式以后，全样本情况下，管理者过度自信与业绩承诺完成百分比的回归系数仍显著为负。但

是，无论上市公司聘用财务顾问的声誉高或低，管理者过度自信与业绩承诺完成百分比的回归系数均不显著。这一结果与前文所得结论存在较大的差异。

表5–9 管理者过度自信、财务顾问声誉与业绩承诺完成百分比的稳健性检验1

变量	全样本	高声誉财务顾问	低声誉财务顾问
$overcon2$	-0.032*	-0.027	-0.032
	(-1.81)	(-1.07)	(-1.36)
$size$	0.021*	0.019	0.025
	(1.92)	(1.21)	(1.50)
lev	-0.245***	-0.085	-0.435***
	(-3.79)	(-1.04)	(-4.11)
roe	0.628***	0.499***	0.685***
	(4.66)	(3.26)	(2.87)
$balance$	0.040	0.059	0.031
	(0.83)	(0.82)	(-0.50)
$state$	0.042*	-0.038	0.104***
	(1.94)	(-1.13)	(3.56)
$premium$	-0.002	-0.003	0.000
	(-1.22)	(-1.61)	(-0.05)
$relatsize$	0.000	0.000	0.000
	(0.44)	(-0.07)	(0.45)
$sameind$	-0.003	0.007	-0.023
	(-0.16)	(0.25)	(-0.87)
$eveluate5$	-0.030*	-0.024	-0.038
	(-1.65)	(-0.98)	(-1.35)
$big4$	-0.032	0.089	-0.156**
	(-0.46)	(0.83)	(-1.99)
_cons	0.682***	0.489	0.748***
	(3.48)	(1.42)	(2.57)
行业	控制	控制	控制
年度	控制	控制	控制
N	1476	765	711
R^2	0.091	0.091	0.191

注：括号内的数值为t值；*、**、***分别表示在10%、5%、1%水平上显著。

二、改变财务顾问声誉的定义办法

进行稳健性检验时,本书改变了两种方法混合定义财务顾问声誉高低的做法,将 2008~2012 年的样本予以删除,使财务顾问声誉的高低完全依据中国证券业协会的专业评级结果来确定,新的财务顾问声誉记为 reputation2。中国证券业协会官网发布的该年度的证券公司专业评级如被评为 A 级,则该财务顾问的声誉较高,reputation2 取值为 1,否则财务顾问的声誉较低,reputation2 取值为 0。

表 5-10 的数据显示,总样本条件下,无论是否对年度和行业进行控制,管理者过度自信与业绩承诺协议签订的回归系数均显著为负。按照财务顾问声誉高低进行分组后的回归结果显示,上市公司聘用财务顾问声誉较高时,管理者过度自信与业绩承诺协议签订的回归系数并不显著;当财务顾问声誉较低时,管理者过度自信与业绩承诺协议签订的回归系数在 1% 水平上显著为负;财务顾问声誉越高,管理者过度自信对业绩承诺协议签订的影响越小。这一回归结果与前文所得结论没有实质性差异。

表 5-10 管理者过度自信、财务顾问声誉与业绩承诺协议签订的稳健性检验 2

变量	全样本	全样本	高声誉财务顾问	低声誉财务顾问
overcon	-0.249*	-0.288**	-0.086	-1.433***
	(-1.94)	(-2.16)	(-0.51)	(-3.84)
size	-0.396***	-0.392***	-0.636***	0.129
	(-4.73)	(-4.09)	(-5.55)	(0.60)
lev	1.067***	1.244***	1.598***	1.139
	(2.80)	(2.84)	(2.74)	(0.97)
roe	-0.940*	-1.127*	-2.042*	0.328
	(-1.67)	(-1.66)	(-1.95)	(0.33)
balance	-0.432	-0.373	0.046	-1.515
	(-1.21)	(-0.97)	(0.10)	(-1.42)
state	-0.145	-0.097	-0.148	-0.058
	(-0.87)	(-0.56)	(-0.71)	(-0.14)
premium	0.034**	0.031**	0.023*	0.158**
	(2.30)	(2.13)	(1.85)	(2.29)

续表

变量	全样本	全样本	高声誉财务顾问	低声誉财务顾问
relatsize	0.137	0.262***	0.141*	2.063**
	(1.35)	(2.66)	(1.82)	(2.54)
sameind	-0.226	-0.163	0.006	-0.887**
	(1.59)	(-1.10)	(0.03)	(-2.44)
eveluate5	0.318**	0.379***	0.566***	0.693**
	(2.34)	(2.58)	(2.96)	(2.47)
big4	-1.046***	-1.055***	-1.099***	-1.171*
	(-4.88)	(-4.43)	(-3.66)	(-1.79)
_cons	9.561***	9.221***	12.846***	3.360
	(5.35)	(4.44)	(5.18)	(0.73)
行业		控制	控制	控制
年度		控制	控制	控制
N	779	731	491	212
R^2	0.238	0.288	0.326	0.515

注：括号内的数值为z值；*、**、***分别表示在10%、5%、1%水平上显著。

表5-11的数据显示，总样本条件下，管理者过度自信与业绩承诺增长率的回归系数均显著为负。按照财务顾问声誉高低进行分组后的回归结果显示，上市公司聘用的财务顾问声誉较高时，管理者过度自信与业绩承诺增长率的回归系数并不显著；当财务顾问声誉较低时，管理者过度自信与业绩承诺增长率的回归系数在5%水平上显著为负；财务顾问声誉越高，管理者过度自信对业绩承诺增长率的负面影响越小。这一回归结果同样与前文所得的结论也不存在实质性的差异。

表5-11 管理者过度自信、财务顾问声誉与业绩承诺增长率的稳健性检验2

变量	全样本	高声誉财务顾问	低声誉财务顾问
overcon	-0.465**	-0.028	-1.159**
	(-2.10)	(-1.33)	(-2.15)
size	0.482***	-0.019*	1.585**
	(3.43)	(-1.66)	(2.39)

续表

变量	全样本	高声誉财务顾问	低声誉财务顾问
lev	-0.243	0.000	-4.010
	(-0.37)	(-0.01)	(-1.55)
roe	0.033	0.016	-1.455
	(0.06)	(0.37)	(-1.31)
$balance$	-0.614	0.085	-0.463
	(-0.97)	(1.45)	(-0.51)
$state$	-0.070	-0.078***	0.945
	(-0.22)	(-2.60)	(1.41)
$premium$	0.005	0.002**	-0.007
	(0.43)	(2.24)	(-0.30)
$relatsize$	0.492***	0.004	1.596**
	(13.12)	(1.36)	(2.54)
$sameind$	0.433*	0.033	1.018**
	(1.86)	(1.53)	(2.01)
$eveluate5$	0.302	0.055**	0.732
	(1.34)	(2.19)	(1.59)
$big4$	-0.852*	-0.108**	-0.908
	(-1.79)	(-2.50)	(-1.07)
$\_cons$	-9.315***	0.479*	-32.413**
	(-3.02)	(1.93)	(-2.44)
行业	控制	控制	控制
年度	控制	控制	控制
N	779	522	257
R^2	0.206	0.150	0.642

注：括号内的数值为 t 值；*、**、*** 分别表示在 10%、5%、1% 水平上显著。

表 5-12 的数据显示，总样本条件下，管理者过度自信与业绩承诺完成百分比的回归系数均显著为负。按照财务顾问声誉高低进行分组后的回归结果显示，无论上市公司聘用的财务顾问声誉高或低，管理者过度自信与业绩承诺完成百分比的回归系数均不显著。这一结果与前文所得结论存在较大的差异。

表 5–12 管理者过度自信、财务顾问声誉与业绩承诺完成百分比的稳健性检验 2

变量	全样本	高声誉财务顾问	低声誉财务顾问
overcon	-0.039**	-0.035	-0.044
	(-1.97)	(-1.21)	(-1.57)
size	0.028**	0.013	0.056**
	(2.07)	(0.60)	(2.25)
lev	-0.211***	-0.129	-0.320***
	(-3.28)	(-1.29)	(-3.08)
roe	0.716***	0.498**	0.901***
	(6.47)	(2.54)	(3.12)
balance	0.025	0.018	0.045
	(0.40)	(0.22)	(0.56)
state	0.013	-0.045	0.100***
	(0.48)	(-1.32)	(2.71)
premium	-0.001	-0.003	0.001
	(-0.52)	(-1.37)	(0.83)
relatsize	-0.001	-0.001	-0.001**
	(-0.83)	(-1.13)	(-1.98)
sameind	-0.016	-0.034	-0.026
	(-0.81)	(-1.13)	(-0.90)
eveluate5	-0.034*	-0.046*	-0.009
	(-1.67)	(-1.69)	(-0.29)
big4	0.063	0.114	-0.068
	(1.05)	(0.99)	(-0.86)
_cons	0.491	0.651	-0.102
	(1.64)	(1.41)	(-0.20)
行业	控制	控制	控制
年度	控制	控制	控制
N	1053	630	423
R^2	0.092	0.092	0.202

注：括号内的数值为 t 值；*、**、*** 分别表示在 10%、5%、1% 水平上显著。

三、改变样本容量

在对管理者过度自信、财务顾问声誉与业绩承诺增长率的关系研究中，以及对管理者过度自信、财务顾问声誉与业绩承诺完成百分比的关系研究中，样本包含了无承诺样本。本部分的稳健性检验进行了删除无承诺样本的处理。为消除由此可能产生的样本自选择问题，采用了 Heckman 两阶段回归的做法。

在 Heckman 两阶段回归中，第一阶段使用的回归模型采用了如式（5-3）所示的形式。

$$promiseyn = \alpha_0 + \alpha_1 overcon + \alpha_2 size + \alpha_3 lev + \alpha_4 roe + \alpha_5 balance + \alpha_6 state + \alpha_7 premium + \alpha_8 relatsize + \alpha_9 sameind + \alpha_{10} eveluate5 + \alpha_{11} big4 + \sum IND + \sum YEAR + \varepsilon \quad (5-3)$$

在模型（5-3）中，$promiseyn$ 代表是否签订业绩承诺协议，$overcon$ 代表管理者过度自信，$size$ 代表收购方资产规模，lev 代表收购方的资本机构（资产负债率），roe 代表收购方的盈利水平，$balance$ 代表收购方的股权制衡度，$state$ 代表收购方的产权性质，$premium$ 代表目标资产溢价比率，而 $relatsize$ 代表的是并购交易的相对交易规模，$sameind$ 代表并购交易类型，$eveluate5$ 和 $big4$ 分别代表提供目标资产价值评估服务机构的规模和提供财务报表审计服务的审计机构的规模，IND 和 $YEAR$ 则分别代表行业和年度。上述变量的含义和取值办法与前文保持一致。第一阶段回归得到逆米尔斯系数 IMR 后，将其加入第二阶段的回归模型中。

表 5-13 提供了删除无承诺样本后管理者过度自信、财务顾问声誉与业绩承诺增长率的关系分析的 Heckman 两阶段回归结果。从表中的数据可以看出，在样本未进行分组的情况下，管理者过度自信与业绩承诺增长率的回归系数在 5% 水平上显著为负。在分组回归的情况下，当上市公司聘请的财务顾问的声誉较高时，管理者过度自信与业绩承诺增长率的回归系数为负但不显著；当财务顾问声誉较低时，管理者过度自信与业绩承诺增长率的回归系数在 5% 水平上显著为负。即财务顾问声誉较高时，管理者过度自信对业绩承诺增长率的负面影响越小。这一结果与前文所得结果保持一致。

表 5-13 管理者过度自信、财务顾问声誉与业绩承诺增长率的稳健性检验 3

变量	第一阶段	第二阶段	第二阶段分组回归	
			高声誉财务顾问	低声誉财务顾问
overcon	-0.274**	-0.620**	-0.012	-1.204**
	(-2.41)	(-2.42)	(-0.48)	(-2.03)
size	-0.343***	0.369*	0.024	1.128**
	(-4.86)	(1.70)	(1.04)	(2.26)
lev	0.892**	-0.039	-0.098	-2.443
	(2.46)	(-0.05)	(-1.31)	(-1.48)
roe	0.116	-0.239	0.037	-1.943
	(0.36)	(-0.43)	(0.68)	(-1.51)
balance	-0.210	-0.368	0.053	0.878
	(-0.64)	(-0.54)	(0.83)	(0.52)
state	-0.103	-0.186	-0.075**	-0.033
	(-0.71)	(-0.57)	(-2.32)	(-0.04)
premium	0.031*	0.015	0.001	0.030
	(1.94)	(1.01)	(0.89)	(0.80)
relatsize	0.091	0.398***	0.004	0.919***
	(1.83)	(11.23)	(1.20)	(11.51)
sameind	-0.206*	0.253	0.041	0.373
	(-1.68)	(0.95)	(1.57)	(0.57)
eveluate5	0.369***	0.348	0.019	0.625
	(3.08)	(1.29)	(0.71)	(0.98)
big4	-0.734***	-1.445*	-0.003	-2.719
	(-3.34)	(-1.96)	(-0.05)	(-1.42)
IMR		1.954	-0.096	4.459
		(1.37)	(0.64)	(1.34)
_cons	1.843	-10.706***	-0.294	-31.057**
	(1.19)	(-2.59)	(-0.58)	(-3.46)
行业	控制	控制	控制	控制
年度	控制	控制	控制	控制
N	898	753	463	290
R^2	0.257	0.170	0.265	0.383

注：括号内的数值为 t 值；*、**、*** 分别表示在 10%、5%、1% 水平上显著。

表5-14提供了删除无承诺样本后管理者过度自信、财务顾问声誉与业绩承诺完成百分比的关系分析的Heckman两阶段回归结果。从表中的数据可以看出，在样本未进行分组的情况下，管理者过度自信与业绩承诺完成百分比的回归系数在10%水平上显著为负。分组回归的情况下，当上市公司聘请的财务顾问的声誉较高时，管理者过度自信与业绩承诺完成百分比的回归系数为负但不显著；当财务顾问声誉较低时，管理者过度自信与业绩承诺完成百分比的回归系数也不显著。即财务顾问声誉高低并不能显著影响管理者过度自信与业绩承诺完成百分比的关系。这一结果与前文所得结果存在较大差异。

表5-14 管理者过度自信、财务顾问声誉与业绩承诺完成百分比的稳健性检验3

变量	第一阶段	第二阶段	第二阶段分组回归	
			高声誉财务顾问	低声誉财务顾问
overcon	-0.279***	-0.036*	-0.043	-0.035
	(-3.24)	(-1.80)	(-1.47)	(-1.27)
size	-0.129**	0.031**	0.029	0.036
	(-2.48)	(2.07)	(1.41)	(1.46)
lev	-0.854***	-0.269***	-0.044	-0.521***
	(-2.91)	(-3.81)	(-0.42)	(-4.60)
roe	0.220	0.734***	0.662***	0.751***
	(0.48)	(5.06)	(3.68)	(3.16)
balance	-1.213***	0.032	0.070	-0.012
	(-4.78)	(0.47)	(0.71)	(-0.14)
state	-0.330***	0.067**	-0.006	0.135***
	(-3.11)	(2.31)	(-0.14)	(3.69)
premium	0.038*	-0.002	-0.002	-0.001
	(1.77)	(-1.31)	(-1.14)	(-0.44)
relatsize	0.162***	0.000	0.000	0.000
	(3.71)	(-0.38)	(-0.66)	(-0.10)
sameind	-0.320***	-0.001	0.012	-0.030
	(-3.52)	(-0.04)	(0.34)	(-0.90)
eveluate5	0.284***	-0.039*	-0.037	-0.031
	(3.12)	(-1.89)	(-1.27)	(-0.93)

续表

变量	第一阶段	第二阶段	第二阶段分组回归	
			高声誉财务顾问	低声誉财务顾问
big4	-0.247 (-1.09)	-0.019 (-0.19)	0.221 (1.31)	-0.222** (-2.29)
IMR		0.017 (0.21)	0.003 (0.03)	0.018 (0.15)
_cons	3.947*** (3.89)	0.363 (1.15)	0.376 (0.69)	0.256 (0.50)
行业	控制	控制	控制	控制
年度	控制	控制	控制	控制
N	1452	1185	618	567
R^2	0.247	0.105	0.121	0.200

注：括号内的数值为 t 值；*、**、*** 分别表示在 10%、5%、1% 水平上显著。

本章小结

本章承接第四章的研究内容，对收购方聘请的财务顾问的声誉是否可以调节管理者过度自信与业绩承诺协议签订、业绩承诺增长率及业绩承诺完成百分比之间的关系这一问题进行了验证。

财务顾问声誉的计量以中国证券业协会发布的证券公司专业评级信息为基础，兼顾了财务顾问在并购重组交易活动中占有的市场份额。为保证研究结论的稳健性，分别变更了管理者过度自信的定义方法和财务顾问声誉的定义办法，并尝试调整了样本量，使用 Heckman 两阶段回归，重新分析所得的主要结果没有发生实质性的变化。

本部分的研究结果证实，财务顾问的声誉能够显著调节管理者过度自信与业绩承诺协议签订、业绩承诺增长率之间的关系。财务顾问的声誉越高，管理者过度自信对业绩承诺协议签订、业绩承诺增长率的负面影响就越小;而财务顾问声誉越差(低),管理者过度自信与业绩承诺协议签订、业绩承诺增长率的负相关关系就越显著。同时,通过本部分的研究,没能找到足够的证据来支持财务顾问声誉对管理者过度自信与业绩承诺完成百分比关系存在显著调节作用的观点。

高声誉的财务顾问借助自身突出的专业优势为咨询者提供了更高质量的咨询顾问服务,而因为财务顾问高品质的信息输出,管理者在并购过程中因环境复杂、资源限制、知识结构缺陷等原因导致的视野受限问题得到了很大程度的改善,决策结果与管理者个人心理特征的联系得以减弱,业绩承诺协议订立阶段,过度自信的管理者在业绩承诺问题上的立场发生了比较明显的转变。但无法否认的是,财务顾问声誉在业绩承诺的执行阶段已经无法发挥出显著的治理效力,受到自身身份和角色的限制,财务顾问声誉高低对过度自信管理者的行为难以再产生显著的影响。

第六章 管理者过度自信、股权制衡与业绩承诺

前文已经证实了管理者过度自信对业绩承诺存在的影响。鉴于不同公司的内外部治理环境存在显著的差异，而治理环境特征可能会对管理者过度自信与业绩承诺的关系产生一定的调节作用。第五章对外部治理机制——并购交易中上市公司聘用的财务顾问的声誉问题已经进行了讨论。本章将讨论公司的内部治理机制对管理者过度自信与业绩承诺关系造成的影响。作为众多的公司内部治理机制的核心，股权结构的安排在公司治理问题研究中是学者们最为关注的话题之一。

由于在上市公司中股权相对集中，尤其在国内，属于普遍现象（吴世飞，2016）。股权集中虽可能有助于减少股东在公司监管方面存在的"搭便车"问题，但也极易引发大股东对中小股东的利益侵占（Fama 和 Jensen，1983；Shleifer 和 Vishny，1997；LLSV，2000）。股权制衡被较多的学者视为解决大股东与管理者共谋、大股东掏空公司侵害中小股东权益的问题的有效策略（Bennedsen 和 Wolfenzon，2000；Gomes 和 Novaes，2006）。因此，本章选择以股权制衡为研究对象。

本章将对上市公司股权制衡度给管理者过度自信与业绩承诺协议签订、业绩承诺增长率及业绩承诺完成百分比关系造成的影响进行考证，观察股权制衡这一公司内部治理机制的调节作用，从而为管理者过度自信与业绩承诺关系的最终表现形式找到更多的证据。

第一节 理论分析与假设提出

La Porta 等（1999）、Claessens 和 Djankov（2000）、吴世飞（2016）的研究均已证实，存在超级大股东、股权高度集中在世界各地的资本市场上是一种更为普遍的现象。而 Berle 和 Means（1932）最早有关股权结构的分析认为，股权越集中，公司的业绩表现越差。Jensen 和 Meckling（1976）指出，股权高度集中时，大股东与其他中小股东之间的利益冲突会表现得更为突出。Shleifer 和 Vishiny（1986）表示，大股东的存在确实可以从一定程度上抑制内部人控制问题，但必须以公司所处的法律环境相对完备为前提，否则大股东极易侵占中小股东利益。因此，如何避免或减弱股权集中带来负面效应成为公司治理研究关注的焦点之一。股权制衡机制就是利用大股东之间的相互牵制来达到限制单一股东操控公司所有重大决策、无度攫取控制权私利、与管理层合谋掏空公司等不当行为的目的。如果股权制衡有效阻断了大股东与管理层的合谋，解决了内部人控制问题，公司就有可能形成更好的内部治理机制，利于相关约束与激励机制发挥作用，进而增强管理者决策及行为与公司利益的一致性（Jayati 和 Subrata，2000）。

一、管理者过度自信、股权制衡与是否承诺及承诺增长率

股权制衡不仅可对控股股东行为进行约束和限制，还可成为强化对管理者的监督的一种手段。Jayati 和 Subrata（2000）、Gomes 和 Novaes（2006）、张光荣和曾勇（2008）的研究已经证实，股权制衡度较高的公司，控股股东之外的其他大股东对管理者实施了更为严格的管控。股权制衡对管理者过度自信负面影响的治理效应也可在胡国柳和周德建（2012）、蒋薇薇等（2015）以及李建英等（2017）的相关文献中找到明确的证据支持。

股权制衡度越高，其他大股东监督管理者行为的动机越强。股权制衡度高，表示制衡股东所持公司股权的比例相对较高，资源投入较多，自身权益与公司治理效率及绩效表现的关联程度更高。管理者过度自信时，对个人能力的过高估计导致其

在并购重组过程中对目标资产预计盈利水平过度乐观,并乐于在承受更大风险的情况下不与目标方签订业绩承诺协议。这一做法无疑使收购方的所有股东陷入了更高的并购交易风险中,增大了并购后收购方发生股东财富损失的可能性。制衡股东出于维护自身财产安全性的考虑,更有可能限制管理者做出这一激进的并购决策。

股权制衡度越高,其他大股东提高对管理者监管强度的能力越强。股权制衡度高,意味着其他大股东已经足以对第一大股东的行为产生重大的影响。如果公司的管理者倾向于与第一大股东合谋,制衡股东的存在将使第一大股东无力借助霸权轻松控制公司重大决策,从而,公司的管理层也将因为忌惮制衡股东的影响力而不得不适度考虑制衡股东的意愿。而如果控股股东选择对管理层过度放权,甚至疏于监管,制衡股东的强势则可能让控股股东被架空和外化,为免于丧失对公司的控制权和话语权,控股股东必须同时承担起监管管理层的责任。无论何种情况之下,公司的管理层都将面临更为严格的监管和约束。过度自信的管理者虽有冒险拒签业绩承诺协议的动机,但控股股东和制衡股东更加严格的管控为其冒进的并购决策设置了更多的障碍。

收购方的股权制衡度较高时,其他大股东有动机且有能力提高对管理者的监管强度,管理者因过度自信而采取激进并购策略的可能性因此而得到有效的抑制,从而其冒险地选择在并购重组交易中不签订目标资产业绩承诺协议的概率也将更低,在业绩承诺增长率问题上的态度也将更为积极。

鉴于此,本书提出如下假设:

假设 6.1a:较高的股权制衡可以减弱管理者过度自信与业绩承诺协议签订的负相关关系;

假设 6.1b:较高的股权制衡可以减弱管理者过度自信与业绩承诺增长率的负相关关系。

二、管理者过度自信、股权制衡与业绩承诺完成百分比

在接管目标资产后的业绩承诺的执行期间,过度自信的管理者秉持乐观、冒险和激进的经营管理策略,将给业绩承诺的足额完成埋下隐患。首先,过度自信的管理者处于权力中心,特殊的地位使这类管理者的控制幻觉进一步增强(Langer, 1975; March 和 Shapira, 1987),他们坚信在自己的领导之下目标资产能够

很好地实现既定的盈利目标，从而业绩承诺的完成百分比会被过高地估计。这种高估会造成管理者的麻痹大意，降低在完成业绩承诺问题上的努力程度，敬业程度的降低直接减弱了目标资产价值创造的动力。其次，过度自信的管理者一贯冒险激进，对频繁并购（Brown 和 Sarma，2007；Malmendier 和 Tate，2008；Ferris 等，2013）、过度投资（姜付秀等，2009；Gervais 等，2011；Seo 和 Sharma，2018）、大力创新（Galasso 和 Simcoe，2011；Lüdtke 和 Lüthje，2012；Engelen 等，2015）的偏好一方面转移了管理者在目标资产业绩承诺完成问题上的注意力，另一方面还消耗了更多的公司资源，使公司经营策略上的稳定性减弱、动荡性增强。过于灵活多变的政策体系一定程度上削弱了目标资产可持续发展的基础，不利于激发目标资产价值创造潜力，从而有损于目标资产业绩承诺的完成质量。

较高的股权制衡度意味着除控股股东之外的其他大股东同样存在相当的影响公司政策制定与执行的能力（唐清泉等，2005；汪茜等，2017）。制衡股东在公司的经营管理问题上存在较强的动机，同时也兼具较强的实力来表达自己的意愿。不同于股权高度分散情况下的中小股东在监管管理者行为上普遍存在的"搭便车"心态，制衡股东在监管问题上的态度表现得更为积极和正面（Pagano 和 Roell，1998；Pindado 和 Chabela，2004）。原因在于，管理者行为对目标资产业绩承诺完成质量的影响最终会反映在公司的经营绩效当中，业绩承诺的完成程度越高、公司的绩效表现越好，制衡股东能够分享的经营成果的份额就越大；反之，制衡股东的财富将会受到威胁。作为追求自身效用最大化的经济人，制衡股东存在强烈的维护自身利益的动机，从而也就表现出较强的监管管理者行为的意愿。与此同时，制衡股东不同于普通的中小股东，普通中小股东可能存在监管管理者的意愿，但并不具备有效影响管理者行为的能力；而制衡股东在公司中持有较高的股权份额，在重大事项的决策过程中拥有相当比重的投票权，这使得制衡股东能够有效牵制控股股东和管理者的行为和决策，在一定程度上阻碍了过度自信管理者过分偏激地对待业绩承诺的完成问题。

鉴于高股权制衡度条件下，制衡股东有动机且有能力监督过度自信管理者的决策及行为，限制其对业绩承诺的完成造成不利影响，本书提出如下假设：

假设6.2：较高的股权制衡度可以减弱管理者过度自信与业绩承诺完成百分比之间的负相关关系。

第二节 研究设计

一、研究样本与数据来源

与第五章的研究样本、数据来源保持一致,本章以 Wind 数据库发布的重大资产重组信息为基础,取沪深两市 A 股上市公司中首次公告日不早于 2008 年 5 月 18 日、并购交易完成日或目标资产过户日不迟于 2017 年 12 月 31 日、收购方为上市公司的重大资产重组事件为样本,在样本后续的筛选中删除了收购方或目标资产属于金融、保险业的样本、删除相关信息不全的样本、删除资产负债率大于 1 的样本。将业绩承诺期为 3 年且已经在 2017 年 12 月 31 日完成了全部业绩承诺的并购交易 3 年的业绩承诺完成百分比作为样本;保留无业绩承诺且交易完成时间早于 2016 年 1 月 1 日的并购事件,并将这些样本 3 年的业绩承诺完成百分比直接设定为 1。本章节最终获得的业绩承诺协议订立阶段的有效样本数为 925 个,业绩承诺执行阶段的有效样本为 1476 个。

除业绩承诺信息是手工整理上市公司(收购方)发布的经核准后的资产交易报告书及业绩承诺实现情况的审核报告所得,本章新增的股权制衡信息来自 CSMAR 数据库。衡量管理者是否过度自信所用的薪酬信息、上市公司的财务数据、产权性质、股权结构等信息同样来自 CSMAR 数据库、资产重组类型信息来自 Wind 数据库。

二、变量定义与模型设定

(一)变量定义

管理者过度自信、业绩承诺相关指标的定义与第五章相同,此处不再赘述。

1. 股权制衡度

本章节新增的股权制衡度(Balance)为虚拟变量。借鉴陈德萍和陈永圣(2011)对股权制衡度的计算办法,首先,以 Z 指数法计算出收购方第二至第五大股东持股比例之和除以第一大股东持股比例的值。其次,将单个样本值与该值的年度行业均值进行比较,如单个样本值高于年度行业均值,即为股权制衡度较高,取值为1,否则为股权制衡度较低,取值为0。

2. 控制变量

选取的控制变量与第五章相同,将上市公司财务特征、治理特征及并购交易特征纳入控制范围。上市公司财务特征变量包括资产规模(size)、资本结构(lev)、盈利水平(roe),治理特征变量包括上市公司股权集中度(top1)、上市公司产权性质(state),交易特征变量包括目标资产溢价率(Premium)、资产重组类型(sameind)、资产重组交易规模(relatsize)、资产评估机构规模(eveluate5)和审计机构规模(big4)。本章节的模型同样对行业(IND)和年度(YEAR)进行了控制。

详细的变量定义如表6-1所示。

表6-1 变量的定义

变量	变量符号	变量定义
业绩承诺协议的签订	promiseyn	签订业绩承诺协议时,取值为1,否则取值为0
业绩承诺增长率	promlevel	承诺期内目标资产业绩承诺年增长率的均值,承诺1年及无承诺样本取值为0
业绩承诺完成百分比	complete	目标资产实际业绩除以承诺业绩,无承诺时取1
管理者过度自信	overcon	相对薪酬的残差高于年度行业均值时取值为1,否则为0
股权制衡度	balance	收购方第二至第五大股东持股比例之和除以第一大股东持股比例的值高于年度行业均值,即为股权制衡度高,取值为1,否则取值为0
上市公司资产规模	size	上市公司总资产的自然对数
上市公司资本结构	lev	上司公司总负债除以总资产
上市公司盈利水平	roe	上市公司净利润除以净资产
股权集中度	top1	上市公司第一大股东持股比例
上市公司产权性质	state	上市公司为国有企业,取值为1,否则为0
目标资产溢价率	premium	目标资产交易价格高于账面价的比率
资产重组交易规模	relatsize	目标资产交易价格除以并购完成前1年的上市公司总资产
资产重组类型	sameind	资产重组为横向并购,取值为1,否则为0
资产评估机构规模	eveluate5	资产评估机构排名全国前五,取值为1,否则为0
审计机构规模	big4	目标资产报表审计机构位列国际四大,取值为1,否则取值为0

(二) 模型设定

为了分析不同的股权制衡度条件下管理者过度自信与业绩承诺协议签订以及管理者过度自信与业绩承诺增长率的关系,采用模型(6-1)的形式进行分组回归分析,检验前文提出的假设6.1a、假设6.1b。

$$promiseyn/promlevel = \alpha_0 + \alpha_1 overcon + \alpha_2 size + \alpha_3 lev + \alpha_4 roe + \alpha_5 top1 + \alpha_6 state + \alpha_7 premium + \alpha_8 relatsize + \alpha_9 sameind + \alpha_{10} eveluate5 + \alpha_{11} big4 + \sum IND + \sum YEAR + \varepsilon \quad (6-1)$$

为进一步考证不同的股权制衡度条件下管理者过度自信与业绩承诺完成百分比之间的关系,采用模型(6-2)的形式进行分组回归分析,检验前文提出的假设6.2。

$$complete = \alpha_0 + \alpha_1 overcon + \alpha_2 size + \alpha_3 lev + \alpha_4 roe + + \alpha_5 top1 + \alpha_6 state + \alpha_7 premium + \alpha_8 relatsize + \alpha_9 sameind + \alpha_{10} eveluate5 + \alpha_{11} big4 + \sum IND + \sum YEAR + \varepsilon \quad (6-2)$$

第三节 实证结果及分析

一、相关性分析

表6-2的数据显示,管理者过度自信变量与业绩承诺协议签订变量、业绩承诺增长率变量的相关系数显著为负;股权制衡度与业绩承诺相关变量的相关系数显著为正;股权制衡度与管理者过度自信的相关系数不显著。表6-3的数据显示,管理者过度自信变量与业绩承诺完成百分比变量的相关系数显著为负;股权制衡度与业绩承诺完成百分比的相关系数不显著,而股权制衡度与管理者过度自信的相关系数显著为负。相关系数的结果并不能很好地说明股权制衡度可以调节管理者过度自信与业绩承诺之间的关系,三者之间的关系尚需进一步验证。

表 6-2 业绩承诺协议订立阶段主要变量相关系数表

变量	promiseyn	promlevel	overcon	balance	size	lev	roe	top1	state	premium	relatsize	sameind	evelaute5	big4
promiseyn	1													
promlevel	0.395***	1												
overcon	-0.103***	-0.085***	1											
balance	0.064*	0.060*	0.013	1										
size	-0.282***	-0.146***	0.014	-0.084**	1									
lev	-0.116***	-0.103***	0.031	-0.108***	0.461***	1								
roe	0.025	0.054	0	0.007	0.005	-0.293***	1							
top1	-0.150***	-0.096***	0.005	-0.478***	0.159***	0.028	-0.002	1						
state	-0.214***	-0.204***	0.046	-0.229***	0.365***	0.352***	-0.154***	0.190***	1					
premium	0.165***	0.180***	-0.037	0.084**	-0.133***	-0.168***	0.091***	-0.05	-0.263***	1				
relatsize	0.097***	0.105***	0.071**	0.083**	-0.342***	-0.079**	-0.046	-0.104***	-0.076**	0.013	1			
sameind	-0.121***	-0.005	-0.022	0.03	0.094***	-0.110***	0.115***	0.054*	-0.03	0.022	-0.239***	1		
evelaute5	0.077**	0.095***	0.033	0.003	-0.023	-0.016	-0.066**	-0.03	-0.01	0.016	0.088***	-0.078**	1	
big4	-0.202***	-0.103***	0.05	-0.035	0.190***	0.033	-0.014	0.082**	0.103***	-0.02	0.016	0.066**	0.011	1

注:*、**、***分别表示在10%、5%、1%水平上显著。

表6-3 业绩承诺完成阶段主要变量相关系数表

变量	complete	overcon	balance	size	lev	roe	top1	state	premium	relatsize	sameind	eveluate5	big4
complete	1												
overcon	-0.072***	1											
balance	-0.038	-0.085***	1										
size	0.020	-0.005	-0.021	1									
lev	-0.080***	-0.046*	-0.002	0.517***	1								
roe	0.193***	-0.019	-0.058**	0.035	-0.009	1							
top1	0.056**	0.105***	-0.612***	0.257***	0.162***	0.137***	1						
state	0.048*	0.045*	-0.183***	0.249***	0.230***	-0.026	-0.026	1					
premium	-0.026	-0.015	0.140***	-0.176***	-0.316***	-0.021	-0.021	-0.317***	1				
relatsize	0.052**	0.010	0.071***	-0.025	0.023	0.150***	0.150***	0.033	-0.052**	1			
sameind	-0.010	-0.069**	-0.005	0.011	-0.056**	-0.054**	-0.054**	-0.011	-0.019	-0.096***	1		
eveluate5	-0.047*	0.038	0.053**	-0.011	-0.035	0.051*	0.051*	-0.017	0.075***	0.052*	-0.054**	1	
big4	-0.015	0.003	-0.057**	0.137***	0.086***	-0.031	-0.031	0.083***	-0.051*	-0.019	0.024	0.030	1

注：*、**、***分别表示在10%、5%、1%水平上显著。

二、回归分析

（一）不同股权制衡度条件下管理者过度自信与业绩承诺协议签订的关系

从表6-4的数据可以看到，全样本时，管理者过度自信变量与业绩承诺协议签订变量promiseyn回归系数分别为-0.289和-0.273，对应的显著性水平分别为1%和5%。进行分组回归时，在高股权制衡度条件下，管理者过度自信与业绩承诺协议签订的回归系数并不显著，而在低股权制衡度的情况下，管理者过度自信与业绩承诺协议签订的回归系数在1%水平上显著为负。高股权制衡度显著削弱了管理者过度自信对业绩承诺协议签订的负面影响。前文所提假设6.1a得到了验证。

表6-4 不同股权制衡度条件下管理者过度自信与业绩承诺协议签订的关系

变量	全样本	全样本	高股权制衡度	低股权制衡度
overcon	-0.289***	-0.273**	0.246	-0.420***
	(-2.68)	(-2.39)	(1.01)	(-2.85)
size	-0.243***	-0.326***	-0.619***	-0.307***
	(-3.79)	(-4.65)	(-3.70)	(-3.32)
lev	0.254	0.807**	0.852	1.174**
	(0.79)	(2.25)	(1.04)	(2.34)
roe	0.236	0.105	-0.802	0.523
	(0.93)	(0.32)	(-1.64)	(1.12)
top1	-0.928***	-0.816**	-2.890**	-0.710
	(-2.57)	(-2.13)	(-2.42)	(-1.36)
state	-0.263**	-0.098	-0.641**	-0.124
	(-2.01)	(-0.68)	(-2.05)	(-0.65)
premium	0.039**	0.032**	0.049	0.024
	(2.19)	(1.99)	(1.41)	(1.41)
relatsize	0.054	0.088*	0.485**	0.064
	(1.20)	(1.76)	(2.22)	(1.10)
sameind	-0.282**	-0.201*	-0.588	-0.186
	(-2.38)	(-1.65)	(-2.12)	(-1.19)
eveluate5	0.291***	0.369***	0.207	0.445***
	(2.56)	(3.06)	(0.87)	(3.01)

第六章 管理者过度自信、股权制衡与业绩承诺

续表

变量	全样本	全样本	高股权制衡度	低股权制衡度
$big4$	-0.714***	-0.713***	-1.617***	-0.501*
	(-3.62)	(-3.23)	(-4.07)	(-1.70)
_cons	6.571***	1.711	10.731***	1.604
	(4.92)	(1.11)	(3.21)	(0.87)
行业		控制	控制	控制
年度		控制	控制	控制
N	925	898	344	483
R^2	0.182	0.261	0.484	0.240

注：括号内的数值为 z 值；*、**、***分别表示在10%、5%、1%水平上显著。

（二）不同股权制衡度条件下管理者过度自信与业绩承诺增长率的关系

为验证并购过程中上市公司的股权制衡水平的高低是否显著影响了管理者过度自信与业绩承诺增长率之间的关系，本书按照模型（6-1）的形式进行的分组回归结果如表6-5所示。

表6-5 不同股权制衡度条件下管理者过度自信与业绩承诺增长率的关系

变量	全样本	全样本	高股权制衡度	低股权制衡度
$overcon$	-0.035**	-0.030**	0.005	-0.036*
	(-2.44)	(-2.05)	(0.22)	(-1.92)
$size$	-0.007	-0.007	-0.022*	-0.004
	(-0.79)	(-0.71)	(-1.99)	(-0.40)
lev	0.004	0.041	-0.038	0.053
	(0.10)	(0.98)	(-0.65)	(0.86)
roe	0.028	0.028	-0.029	0.072*
	(0.97)	(0.95)	(-0.61)	(1.68)
$top1$	-0.069	-0.062	-0.020	-0.067
	(-1.45)	(-1.33)	(-0.20)	(-1.03)
$state$	-0.062***	-0.044**	-0.017	-0.061**
	(-3.25)	(-2.28)	(-0.54)	(-2.21)

续表

变量	全样本	全样本	高股权制衡度	低股权制衡度
premium	0.003 ***	0.003 ***	0.000 **	0.001
	(4.01)	(3.50)	(2.25)	(1.59)
relatsize	0.005	0.007	0.000	0.003
	(1.20)	(1.63)	(0.12)	(0.94)
sameind	0.009	0.020	-0.012	0.022
	(0.64)	(1.42)	(-0.62)	(1.13)
eveluate5	0.041 ***	0.045 ***	0.049 **	0.042 **
	(2.72)	(3.00)	(2.15)	(2.00)
big4	-0.073 ***	-0.083 ***	-0.035	-0.084 **
	(-2.70)	(-2.66)	(-0.73)	(-2.09)
_cons	0.362 **	0.202	0.486 **	0.066
	(2.00)	(1.03)	(2.18)	(0.32)
行业		控制	控制	控制
年度		控制	控制	控制
N	925	925	393	532
R^2	0.091	0.146	0.185	0.175

注：括号内的数值为 t 值；*、**、*** 分别表示在 10%、5%、1% 水平上显著。

从表 6-5 的数据可以看到，全样本时，管理者过度自信变量与业绩承诺增长率变量 *promlevel* 回归系数分别为 -0.035 和 -0.030，对应的显著性水平为 5%。进行分组回归时，高股权制衡度条件下，管理者过度自信与业绩承诺增长率的回归系数为正但并不显著，而在低股权制衡度的情况下，管理者过度自信与业绩承诺增长率的回归系数显著为负。高股权制衡度显著削弱了管理者过度自信对业绩承诺增长率的负面影响。前文所提假设 6.1b 得到了验证。

（三）不同股权制衡度条件下管理者过度自信与业绩承诺完成百分比的关系

为验证并购过程中上市公司股权制衡度的高低是否显著影响了管理者过度自信与业绩承诺完成百分比之间的关系，按照模型（6-2）的形式进行了分组回归，具体结果如表 6-6 所示。

表6-6 不同股权制衡度条件下管理者过度自信与业绩承诺完成百分比的关系

变量	全样本	全样本	高股权制衡度	低股权制衡度
$overcon$	-0.052***	-0.050***	-0.040	-0.062***
	(-3.00)	(-2.78)	(-1.38)	(-2.59)
$size$	0.021**	0.023**	0.012	0.007
	(1.99)	(2.03)	(0.61)	(0.50)
lev	-0.232***	-0.250***	-0.169**	-0.133
	(-3.92)	(-3.86)	(-2.15)	(-1.42)
roe	0.640***	0.623***	1.109***	0.298*
	(4.87)	(4.65)	(4.86)	(1.91)
$top1$	0.034	0.024	0.127	0.002
	(0.64)	(0.44)	(0.71)	(0.02)
$state$	0.039**	0.047**	0.038	0.053*
	(2.03)	(2.20)	(1.14)	(1.77)
$premium$	-0.001	-0.002	-0.001	-0.002
	(-1.19)	(-1.29)	(-0.55)	(-1.08)
$relatsize$	0.000	0.000	0.000	0.000
	(0.87)	(0.38)	(0.20)	(0.36)
$sameind$	-0.009	-0.004	-0.007	0.000
	(-0.52)	(-0.24)	(-0.22)	(0.00)
$eveluate5$	-0.038**	-0.030*	-0.050*	-0.014
	(-2.20)	(-1.68)	(-1.68)	(-0.56)
$big4$	-0.022	-0.029	0.027	-0.066
	(-0.33)	(-0.42)	(0.16)	(-0.83)
$\_cons$	0.695***	0.681***	0.707*	0.967***
	(3.32)	(3.45)	(1.87)	(3.65)
行业		控制	控制	控制
年度		控制	控制	控制
N	1476	1476	664	812
R^2	0.063	0.094	0.151	0.072

注：括号内的数值为t值；*、**、***分别表示在10%、5%、1%水平上显著。

从表6-6的回归结果可以看出，全样本时，管理者过度自信变量与业绩承诺完成百分比回归系数分别为 -0.052 和 -0.050，对应的显著性水平为1%。进行分组回归时，在高股权制衡度条件下，管理者过度自信与业绩承诺完成百分比的回归系数并不显著，而在股权制衡度较低的情况下，管理者过度自信与业绩承诺完成百分比的回归系数在1%水平上显著为负。上市公司股权制衡度越高，管理者过度自信对业绩承诺完成百分比的负面影响越小。前文所提假设6.2得到了验证。

上市公司股权制衡度较高，有助于增大股东对管理者决策与行为的监管强度，更好地抑制管理者过度自信的心理偏差给公司的经营管理带来的负面影响，令其转变对待业绩承诺问题的态度，调整资源整合和资产运营中的立场，更少地采用过于偏激的经营策略。这将有助于收购方提升资产运营管理及资源整合的效率，最终提升目标资产业绩承诺的完成质量。

第四节　稳健性检验

一、改变管理者过度自信的定义办法

沿用第五章稳健性检验时使用的管理者过度自信的定义办法：新的管理者过度自信变量记为 overcon2。如果单个样本对应的管理者前三名薪酬之和除以全部管理者的薪酬总额计算得出的相对薪酬高于该指标的年度行业均值，即将该样本判定为管理者过度自信，对应的 overcon2 取值为1，否则取值为0。采用新的办法定义得到管理者过度自信的数据后重新进行的相关回归分析结果如下。

表6-7的数据显示，在全样本情况下，新方式定义的管理者过度自信与业绩承诺协议签订的回归系数显著为负。在分组回归的情况下，上市公司的股权制衡度较高时，管理者过度自信与业绩承诺协议签订的回归系数不显著；而在股权制衡度较低的情况下，管理者过度自信与业绩承诺协议签订的回归系数在1%水平上显著为负。这一回归结果再一次印证了前文所得的结论。

第六章 管理者过度自信、股权制衡与业绩承诺

表6-7 管理者过度自信、股权制衡与业绩承诺协议签订的稳健性检验1

变量	全样本	全样本	高股权制衡度	低股权制衡度
$overcon2$	-0.268**	-0.223**	0.372	-0.377***
	(-2.52)	(-1.97)	(1.57)	(-2.58)
$size$	-0.251***	-0.338***	-0.605***	-0.325***
	(-3.93)	(-4.81)	(-3.84)	(-3.47)
lev	0.260	0.811**	0.867	1.137**
	(0.81)	(2.27)	(1.07)	(2.30)
roe	0.209	0.077	-0.770	0.491
	(0.81)	(0.24)	(-1.50)	(1.06)
$top1$	-0.894**	-0.788**	-3.037**	-0.643
	(-2.48)	(-2.07)	(-2.52)	(-1.22)
$state$	-0.286**	-0.117	-0.589*	-0.152
	(-2.18)	(-0.82)	(-1.87)	(-0.80)
$premium$	0.039**	0.033**	0.053	0.025
	(2.22)	(2.02)	(1.54)	(1.46)
$relatsize$	0.056	0.087*	0.504**	0.067
	(1.28)	(1.73)	(2.28)	(1.17)
$sameind$	-0.284**	-0.203*	-0.566**	-0.178
	(-2.41)	(-1.67)	(-2.07)	(-1.13)
$eveluate5$	0.285**	0.362***	0.220	0.437***
	(2.52)	(3.02)	(0.92)	(2.95)
$big4$	-0.741***	-0.738***	-1.560***	-0.539*
	(-3.76)	(-3.37)	(-3.94)	(-1.84)
$\_cons$	6.745***	1.867	10.557***	1.318
	(5.04)	(1.21)	(3.27)	(0.70)
行业		控制	控制	控制
年度		控制	控制	控制
N	925	898	344	483
R^2	0.181	0.259	0.487	0.237

注：括号内的数值为z值；*、**、***分别表示在10%、5%、1%水平上显著。

表6-8是新定义方式下的管理者过度自信、股权制衡度与业绩承诺增长率

关系的回归结果。在全样本情况下，新方式定义的管理者过度自信与业绩承诺增长率的回归系数显著为负。在分组回归的情况下，上市公司的股权制衡度较高时，管理者过度自信与业绩承诺增长率的回归系数不显著；而在股权制衡度较低的情况下，管理者过度自信与业绩承诺增长率的回归系数在5%水平上显著为负。上述回归结果与前文所得的结论没有实质性差异。

表6-8 管理者过度自信、股权制衡与业绩承诺增长率的稳健性检验1

变量	全样本	全样本	高股权制衡度	低股权制衡度
overcon2	-0.040***	-0.034**	0.007	-0.047**
	(-2.71)	(-2.23)	(0.29)	(-2.42)
size	-0.008	-0.008	-0.008	-0.005
	(-0.96)	(-0.88)	(-0.51)	(-0.44)
lev	0.005	0.041	-0.030	0.055
	(0.12)	(0.98)	(-0.51)	(0.91)
roe	0.025	0.025	-0.022*	0.069*
	(0.84)	(0.82)	(-1.95)	(1.66)
top1	-0.063	-0.058	-0.010	-0.059
	(-1.30)	(-1.22)	(-0.11)	(-0.88)
state	-0.066***	-0.047**	-0.017	-0.058**
	(-3.41)	(-2.41)	(-0.57)	(-2.08)
premium	0.003***	0.003***	0.002***	0.003**
	(4.00)	(3.49)	(2.59)	(2.50)
relatsize	0.005	0.007	0.008	0.004
	(1.22)	(1.63)	(1.18)	(1.08)
sameind	0.009	0.020	0.003	0.021
	(0.64)	(1.42)	(0.15)	(1.06)
eveluate5	0.040***	0.045***	0.046**	0.040*
	(2.72)	(3.00)	(2.16)	(1.93)
big4	-0.075***	-0.086***	-0.044	-0.082**
	(-2.81)	(-2.74)	(-0.91)	(-2.06)
_cons	0.395**	0.226	-0.939	0.041
	(2.20)	(1.16)	(-1.28)	(0.19)

续表

变量	全样本	全样本	高股权制衡度	低股权制衡度
行业		控制	控制	控制
年度		控制	控制	控制
N	925	925	393	532
R^2	0.093	0.147	0.212	0.187

注：括号内的数值为 t 值；*、**、***分别表示在10%、5%、1%水平上显著。

表6-9是新定义方式下的管理者过度自信、股权制衡度与业绩承诺完成百分比关系的回归结果。可以看到，改变了管理者过度自信的定义方式以后，在全样本情况下，管理者过度自信与业绩承诺完成百分比的回归系数仍显著为负。在分组回归的情况下，上市公司的股权制衡度较高时，管理者过度自信与业绩承诺完成百分比的回归系数不显著；而在股权制衡度较低的情况下，管理者过度自信与业绩承诺完成百分比的回归系数在5%水平上显著为负。上述回归结果与前文所得的结论保持一致。

表6-9 管理者过度自信、股权制衡与业绩承诺完成百分比的稳健性检验1

变量	全样本	全样本	高股权制衡度	低股权制衡度
$overcon2$	-0.035**	-0.031*	-0.035	-0.045**
	(-2.00)	(-1.75)	(-1.23)	(-1.99)
$size$	0.018*	0.020*	0.032*	0.003
	(1.80)	(1.83)	(1.73)	(0.25)
lev	-0.227***	-0.244***	-0.394***	-0.123*
	(-3.82)	(-3.77)	(-4.58)	(-1.69)
roe	0.647***	0.629***	1.084***	0.304***
	(4.87)	(4.64)	(7.05)	(2.62)
$top1$	0.020	0.019	0.177	-0.001
	(0.56)	(0.34)	(0.94)	(-0.01)
$state$	0.036*	0.044**	0.034	0.049*
	(1.86)	(2.06)	(0.92)	(1.85)
$premium$	-0.001	-0.002	-0.002	-0.002
	(-1.21)	(-1.29)	(-1.01)	(-0.77)

续表

变量	全样本	全样本	高股权制衡度	低股权制衡度
relatsize	0.000	0.000	0.000	0.000
	(0.89)	(0.39)	(0.06)	(0.26)
sameind	-0.008	-0.002	-0.005	0.000
	(-0.46)	(-0.13)	(-0.18)	(0.01)
eveluate5	-0.039**	-0.031*	-0.048*	-0.015
	(-2.28)	(-1.73)	(-1.65)	(-0.67)
big4	-0.025	-0.031	0.030	-0.067
	(-0.39)	(-0.46)	(0.28)	(-1.13)
_cons	0.735***	0.706***	0.397	1.008**
	(3.52)	(3.58)	(0.99)	(2.02)
行业		控制	控制	控制
年度		控制	控制	控制
N	1476	1476	664	812
R^2	0.059	0.090	0.163	0.066

注：括号内的数值为t值；*、**、*** 分别表示在10%、5%、1%水平上显著。

二、改变股权制衡度的定义办法

稳健性检验时，本书以新的办法定义上市公司股权制衡度的高低，新的股权制衡度记为 balomce2。仍以 Z 指数法为基础，但在计算收购方第二至第五大股东持股比例之和除以第一大股东持股比例的值后，将单个样本值与该值的年度行业中位数进行比较，如单个样本值高于年度行业中位数，即为股权制衡度高，取值为1，否则为低股权制衡度，取值为0。采用新的定义方式获得股权制衡度的数据后重新进行回归的结果如表6-10所示。

表6-10 管理者过度自信、股权制衡与业绩承诺协议签订的稳健性检验2

变量	全样本	全样本	高股权制衡度	低股权制衡度
overcon	-0.289***	-0.273**	0.001	-0.468***
	(-2.68)	(-2.39)	(0.00)	(-2.85)

续表

变量	全样本	全样本	高股权制衡度	低股权制衡度
$size$	-0.243***	-0.326***	-0.355**	-0.386***
	(-3.79)	(-4.65)	(-2.30)	(-3.73)
lev	0.254	0.807**	0.457	1.608***
	(0.79)	(2.25)	(0.75)	(2.81)
roe	0.236	0.105	-0.705	0.749
	(0.93)	(0.32)	(-1.48)	(1.32)
$top1$	-0.928***	-0.816**	-0.694	-1.143*
	(-2.57)	(-2.13)	(-0.87)	(-1.93)
$state$	-0.263**	-0.098	-0.353	-0.135
	(-2.01)	(-0.68)	(-1.50)	(-0.63)
$premium$	0.039**	0.032**	0.022	0.041
	(2.19)	(1.99)	(1.33)	(1.64)
$relatsize$	0.054	0.088*	0.484***	0.022
	(1.20)	(1.76)	(3.05)	(0.38)
$sameind$	-0.282**	-0.201*	-0.415**	-0.184
	(-2.38)	(-1.65)	(-2.03)	(-1.05)
$eveluate5$	0.291***	0.369***	0.090	0.584***
	(2.56)	(3.06)	(0.49)	(3.44)
$big4$	-0.714***	-0.713***	-1.376***	-0.456
	(-3.62)	(-3.23)	(-4.45)	(-1.39)
_cons	6.571***	1.711	4.945	3.083
	(4.92)	(1.11)	(1.63)	(1.48)
行业		控制	控制	控制
年度		控制	控制	控制
N	925	898	461	392
R^2	0.182	0.261	0.361	0.296

注：括号内的数值为 z 值；*、**、*** 分别表示在 10%、5%、1% 水平上显著。

表 6-10 的数据显示，总样本条件下，无论是否对年度和行业进行控制，管理者过度自信与业绩承诺协议签订的回归系数均显著为负。按照上市公司股权制衡度高低进行分组后的回归结果显示，上市公司股权制衡度较高时，管理者过度

自信与业绩承诺协议签订的回归系数并不显著;而当上市公司的股权制衡度较低时,管理者过度自信与业绩承诺协议签订的回归系数在1%水平上显著为负;上市公司股权制衡度越高,管理者过度自信对签订业绩承诺的负面影响就越小。这一回归结果与前文所得的结论没有实质性差异。

表6-11的数据显示,在总样本条件下,管理者过度自信与业绩承诺增长率的回归系数均显著为负。按照上市公司股权制衡度高低进行分组后的回归结果显示,上市公司股权制衡度较高时,管理者过度自信与业绩承诺增长率的回归系数并不显著;当上市公司的股权制衡度较低时,管理者过度自信与业绩承诺增长率的回归系数在5%水平上显著为负;上市公司股权制衡度越高,管理者过度自信对业绩承诺增长率的负面影响越小。这一回归结果同样与前文所得的结论也不存在实质性的差异。

表6-11 管理者过度自信、股权制衡与业绩承诺增长率的稳健性检验2

变量	全样本	全样本	高股权制衡度	低股权制衡度
overcon	-0.035**	-0.030**	-0.008	-0.044**
	(-2.44)	(-2.05)	(-0.39)	(-1.97)
size	-0.007	-0.007	-0.007	-0.003
	(-0.79)	(-0.71)	(-0.49)	(-0.25)
lev	0.004	0.041	-0.008	0.062
	(0.10)	(0.98)	(-0.16)	(0.89)
roe	0.028	0.028	-0.029	0.090*
	(0.97)	(0.95)	(-0.75)	(1.78)
top1	-0.069	-0.062	-0.016	-0.060
	(-1.45)	(-1.33)	(-0.22)	(-0.70)
state	-0.062***	-0.044**	-0.029	-0.060*
	(-3.25)	(-2.28)	(-1.18)	(-1.93)
premium	0.003***	0.003***	0.003***	0.003*
	(4.01)	(3.50)	(3.03)	(1.70)
relatsize	0.005	0.007	0.007	0.002
	(1.20)	(1.63)	(1.24)	(0.76)
sameind	0.009	0.020	0.005	0.022
	(0.64)	(1.42)	(0.30)	(0.96)

第六章 管理者过度自信、股权制衡与业绩承诺

续表

变量	全样本	全样本	高股权制衡度	低股权制衡度
eveluate5	0.041***	0.045***	0.041**	0.050**
	(2.72)	(3.00)	(2.24)	(2.01)
big4	-0.073***	-0.083***	-0.068*	-0.085*
	(-2.70)	(-2.66)	(-1.69)	(-1.72)
_cons	0.362**	0.202	0.177	-0.009
	(2.00)	(1.03)	(0.60)	(-0.04)
行业		控制	控制	控制
年度		控制	控制	控制
N	925	925	494	431
R^2	0.091	0.146	0.181	0.201

注：括号内的数值为 t 值；*、**、***分别表示在10％、5％、1％水平上显著。

表6-12 的数据显示，在总样本条件下，管理者过度自信与业绩承诺完成百分比的回归系数均显著为负。按照上市公司股权制衡度的高低进行分组后的回归结果显示，在高股权制衡度条件下，管理者过度自信与业绩承诺完成百分比的回归系数并不显著，而在股权制衡度较低的情况下，管理者过度自信与业绩承诺完成百分比的回归系数在1％水平上显著为负。上市公司股权制衡度越高，管理者过度自信对业绩承诺完成百分比的负面影响越小。这一结果与前文所得结论一致。

表6-12 管理者过度自信、股权制衡与业绩承诺完成百分比的稳健性检验2

变量	全样本	全样本	高股权制衡度	低股权制衡度
overcon	-0.052***	-0.050***	-0.030	-0.071***
	(-3.00)	(-2.78)	(-1.38)	(-2.67)
size	0.021**	0.023**	0.014	0.006
	(1.99)	(2.03)	(1.05)	(0.40)
lev	-0.232***	-0.250***	-0.127***	-0.186**
	(-3.92)	(-3.86)	(-2.58)	(-2.18)
roe	0.640***	0.623***	0.858***	0.230*
	(4.87)	(4.65)	(5.79)	(1.65)
top1	0.034	0.024	-0.052	0.016
	(0.64)	(0.44)	(-0.47)	(0.15)

续表

变量	全样本	全样本	高股权制衡度	低股权制衡度
$state$	0.039**	0.047**	0.043*	0.042
	(2.03)	(2.20)	(1.71)	(1.35)
$premium$	-0.001	-0.002	-0.001	-0.002
	(-1.19)	(-1.29)	(-0.76)	(-0.88)
$relatsize$	0.000	0.000	0.000	0.000
	(0.87)	(0.38)	(0.21)	(0.15)
$sameind$	-0.009	-0.004	-0.019	0.003
	(-0.52)	(-0.24)	(-0.86)	(0.12)
$eveluate5$	-0.038**	-0.030*	-0.051**	0.008
	(-2.20)	(-1.68)	(-2.31)	(0.30)
$big4$	-0.022	-0.029	0.051	-0.090
	(-0.33)	(-0.42)	(0.46)	(-1.28)
$\_cons$	0.695***	0.681***	0.711**	1.030*
	(3.32)	(3.45)	(2.49)	(1.93)
行业		控制	控制	控制
年度		控制	控制	控制
N	1476	1476	839	637
R^2	0.063	0.094	0.122	0.089

注：括号内的数值为 t 值；*、**、***分别表示在 10%、5%、1% 水平上显著。

三、改变样本容量

在对管理者过度自信、股权制衡与业绩承诺增长率的关系研究中，样本包含了无承诺样本。本部分的稳健性检验进行了删除无承诺样本的处理。为消除由此可能产生的样本自选择问题，采用了 Heckman 两阶段回归的做法。

Heckman 两阶段回归中，第一阶段使用的回归模型采用了如式（6-3）所示的形式。

$$promiseyn = \alpha_0 + \alpha_1 overcon + \alpha_2 size + \alpha_3 lev + \alpha_4 roe + \alpha_5 top1 + \alpha_6 state +$$
$$\alpha_7 premium + \alpha_8 relatsize + \alpha_9 sameind + \alpha_{10} eveluate5 + \alpha_{11} big4 +$$
$$\sum IND + \sum YEAR + \varepsilon \qquad (6-3)$$

第六章 管理者过度自信、股权制衡与业绩承诺

模型（6-3）中的 promiseyn 代表是否签订业绩承诺协议，overcon 代表管理者过度自信，size 代表收购方资产规模，lev 代表收购方的资本机构（资产负债率），roe 代表收购方的盈利水平，top1 代表收购方的股权集中度，state 代表收购方的产权性质，premium 代表目标资产溢价比率，relatsize 代表并购交易的相对交易规模，sameind 代表并购交易类型，eveluate5 和 big4 分别代表提供目标资产价值评估服务机构的规模和提供财务报表审计服务的审计机构的规模，IND 和 YEAR 则分别代表行业和年度。上述变量的含义和取值办法与前文保持一致。第一阶段回归得到逆米尔斯系数 IMR 后，将其加入到第二阶段的回归模型中。

表 6-13 提供了删除无承诺样本后管理者过度自信、股权制衡度与业绩承诺增长率关系分析的 Heckman 两阶段回归结果。从表中的数据可以看出，在样本未进行分组的情况下，管理者过度自信与业绩承诺增长率的回归系数显著为负。在分组回归的情况下，当上市公司股权制衡度较高时，管理者过度自信与业绩承诺增长率的回归系数为正但不显著；而当上市公司的股权制衡度较低时，管理者过度自信与业绩承诺增长率的回归系数显著为负。即上市公司股权制衡度较高时，管理者过度自信对业绩承诺增长率的负面影响越小。这一结果与前文所得结果没有实质上的差异。

表 6-13　管理者过度自信、股权制衡与业绩承诺增长率的稳健性检验 3

变量	第一阶段	第二阶段	第二阶段分组回归	
			高股权制衡度	低股权制衡度
overcon	-0.273**	-0.020*	0.001	-0.033*
	(-2.39)	(-1.90)	(0.05)	(-1.70)
size	-0.326***	0.019	-0.011	0.035
	(-4.65)	(1.29)	(-0.59)	(1.64)
lev	0.807**	-0.006	-0.030	-0.037
	(2.25)	(-0.13)	(-0.47)	(-0.66)
roe	0.105	0.000	-0.021**	0.001
	(0.32)	(0.02)	(-2.12)	(0.63)
top1	-0.816**	-0.012	0.027	0.019
	(-2.13)	(-0.20)	(0.24)	(0.23)

续表

变量	第一阶段	第二阶段	第二阶段分组回归	
			高股权制衡度	低股权制衡度
state	-0.098	-0.043*	-0.006	-0.048
	(-0.68)	(-1.96)	(-0.18)	(-1.50)
premium	0.032**	0.001	0.002**	0.001
	(1.99)	(1.54)	(2.02)	(0.66)
relatsize	0.088*	0.008	0.000	0.000
	(1.76)	(1.62)	(1.00)	(0.08)
sameind	-0.201*	0.045**	0.005	0.054**
	(-1.65)	(2.56)	(0.20)	(2.20)
eveluate5	0.369***	0.025	0.049*	-0.003
	(3.06)	(1.54)	(1.81)	(-0.15)
big4	-0.713***	-0.024	0.061	0.031
	(-3.23)	(-0.60)	(0.83)	(0.58)
IMR		-0.060	0.085	-0.224*
		(-0.63)	(0.54)	(-1.65)
_cons	1.711	-0.299	0.219	-0.015
	(1.11)	(-1.06)	(0.63)	(-0.05)
行业	控制	控制	控制	控制
年度	控制	控制	控制	控制
N	898	753	328	425
R^2	0.261	0.110	0.123	0.169

注：括号内的数值为 t 值；*、**、*** 分别表示在 10%、5%、1%水平上显著。

表 6-14 提供了删除无承诺样本后管理者过度自信、股权制衡与业绩承诺完成百分比的关系分析的 Heckman 两阶段回归结果。从表中的数据可以看出，在样本未进行分组的情况下，管理者过度自信与业绩承诺完成百分比的回归系数显著为负。在分组回归的情况下，当上市公司的股权制衡度较高时，管理者过度自信与业绩承诺完成百分比的回归系数为负但不显著；而当上市公司股权制衡度较低时，管理者过度自信与业绩承诺完成百分比的回归系数显著为负。即上市公司的股权制衡度越高，管理者过度自信与业绩承诺完成百分比的负相关关系越不显著。这一结果与前文所得结果仍然没有实质上的差异。

表 6-14 管理者过度自信、股权制衡与业绩承诺完成百分比的稳健性检验 3

变量	第一阶段	第二阶段	第二阶段分组回归	
			高股权制衡度	低股权制衡度
overcon	-0.279***	-0.045**	-0.017	-0.055*
	(-3.24)	(-2.08)	(-0.55)	(-1.90)
size	-0.129**	0.039**	0.026	0.026
	(-2.48)	(2.50)	(1.28)	(1.42)
lev	-0.854***	-0.311***	-0.126	-0.210**
	(-2.91)	(-3.75)	(-2.44)	(-2.13)
roe	0.220	0.813***	1.109***	0.394**
	(0.48)	(4.51)	(6.56)	(2.44)
top1	-1.213***	0.053	0.300	-0.003
	(-4.78)	(0.59)	(1.40)	(-0.02)
state	-0.330***	0.061**	0.081*	0.064*
	(-3.11)	(2.13)	(1.88)	(1.67)
premium	0.038*	-0.002	-0.001	-0.002
	(1.77)	(-1.41)	(-1.18)	(-1.02)
relatsize	0.162***	0.000	-0.001	0.000
	(3.71)	(-0.14)	(-1.11)	(0.72)
sameind	-0.320***	0.010	0.025	0.015
	(-3.52)	(0.39)	(0.69)	(0.46)
eveluate5	0.284***	-0.037*	-0.068**	-0.025
	(3.12)	(-1.66)	(-2.12)	(-0.82)
big4	-0.247	-0.012	0.007	-0.047
	(-1.09)	(-0.12)	(0.06)	(-0.55)
IMR		0.013	-0.247	0.012
		(0.16)	(-1.52)	(0.12)
_cons	3.947***	0.206	0.386	0.481
	(3.89)	(0.65)	(0.85)	(0.88)
行业	控制	控制	控制	控制
年度	控制	控制	控制	控制
N	1452	1182	564	618
R^2	0.247	0.115	0.154	0.105

注：括号内的数值为 t 值；*、**、*** 分别表示在 10、5%、1% 水平上显著。

本章小结

本章承接前文的研究内容,对上市公司的内部治理特征——股权制衡度的高低是否可以调节管理者过度自信与业绩承诺协议订立、业绩承诺增长率及业绩承诺完成百分比之间的关系的问题进行了验证。

上市公司股权制衡度高低的定义以 Z 指数法为基础,首先,计算出收购方第二至第五大股东持股比例之和除以第一大股东持股比例的值,其次,将单个样本值与该值的年度行业均值进行比较,如单个样本值高于年度行业均值,即为高股权制衡度,否则为低股权制衡度。为保证研究结论的稳健性,分别变更了管理者过度自信的定义方法和股权制衡度的定义办法,并尝试对样本容量进行调整,使用了 Heckman 两阶段回归,稳健性检验时所得的主要结果与前文相比没有发生实质性的变化。

本部分的研究结果证实,上市公司股权制衡度不仅能够显著调节管理者过度自信与业绩承诺协议签订、业绩承诺增长率之间的关系,而且也能对管理者过度自信与业绩承诺完成百分比的关系产生显著的影响。上市公司股权制衡度越高,管理者过度自信对业绩承诺协议签订、业绩承诺增长率的负向影响就越小;而上市公司股权制衡度越低,管理者过度自信与业绩承诺协议签订、业绩承诺增长率的负相关关系就越显著。同时,股权制衡度还显著影响了管理者过度自信与业绩承诺完成百分比之间的关系,当上市公司股权制衡度较高时,管理者过度自信对业绩承诺完成百分比的负向影响被显著削弱了。

上市公司的股权制衡度体现了其他大股东牵制控股股东的能力大小,也显示出了制衡股东在参与公司治理、监督管理者决策和行为方面发挥的作用的强弱。较高的股权制衡度不仅能够更好地克服股权高度分散情况下中小股东的"搭便车"心理,而且有利于制衡股东充分表达自己的意愿,对控股股东及管理者的行为形成有效的监督。一旦制衡股东加大了对管理者的监管力度,过度自信管理者在经营活动中的行为将面临更多的约束和限制,尤其是在过度自信的管理者的行为可能对业绩承诺协议的签订和执行产生不利影响的情况下，制衡股东能够及时做出反应，从而改变过度自信管理者的态度和立场，最终体现在公司的决策及战略设计当中，并具象化为不同股权制衡程度条件下，管理者过度自信与业绩承诺协议的签订和执行的关系存在显著的差异。

结 语

第一节 研究结论

以 Wind 数据库发布的 2008 年 5 月 18 日至 2017 年底沪深两市 A 股上市公司为收购方的所有重大资产重组事件为样本，手工搜集整理上市公司公告发布的资产交易报告书和目标资产业绩承诺实现情况的审核报告，获得了有关业绩承诺的数据。本书主要研究了四个问题：①收购方管理者过度自信与并购重组业绩承诺协议订立、业绩承诺增长率的关系；②收购方管理者过度自信与业绩承诺完成百分比的关系；③在上市公司聘请的财务顾问声誉、上市公司股权制衡度高低不同的情况下，管理者过度自信与业绩承诺协议签订、业绩承诺增长率、业绩承诺完成百分比关系的变化；④在上市公司股权制衡度高低不同的条件下，管理者过度自信与业绩承诺协议签订、业绩承诺增长率、业绩承诺完成百分比关系的变化。

问题①的研究有两大主要发现。首先，收购方管理者的过度自信与业绩承诺协议签订、业绩承诺增长率均呈显著的负相关关系。即过度自信的收购方管理者具有显著更低的达成业绩承诺协议的意愿，这类管理者所在的收购方签订业绩承诺协议的概率更小、业绩承诺的增长率更低。业绩承诺显著提高并购溢价的现实背景加上对自己知识和能力水平的高估，以及对目标资产未来盈利能力的盲目乐观，过度自信的管理者并不愿意在坚信自己发现了目标资产真实价值的基础上进一步付出高昂的价格来"购买"业绩承诺。其次，不同类型业绩承诺对应的业绩承诺的增长率差异显著，自愿性业绩承诺对应的业绩承诺增长率的均值显著更高；进一步地，在自愿性业绩承诺组，管理者过度自信与业绩承诺增长率的回归系数显著为负；而在强制性业绩承诺组，管理者过度自信与业绩承诺增长率的回归系数为正且不显著；在自愿性业绩承诺的情况下，管理者过度自信与业绩承诺增长率的负相关关系更加显著。

问题②将视线拓展到了业绩承诺的执行阶段，这一部分的研究发现，管理者过度自信与业绩承诺完成百分比显著负相关，过度自信的管理者所在上市公司的业绩承诺的完成百分比更低。过度自信的管理者接管目标资产时偏好采用过激策略，过度支付、盲目多元化等均可能为业绩承诺的完成埋下隐患。在业绩承诺的执行期间，过度自信的管理者在运营管理上的冒险激进同样不利于提高业绩承诺的完成百分比。

通过问题②的研究本书同时还发现，不同类型业绩承诺对应的业绩承诺完成百分比存在显著差异，自愿性业绩承诺组对应的业绩承诺完成百分比的均值显著更低；另外，在强制性业绩承诺组，管理者过度自信与业绩承诺完成百分比之间的回归系数为负但不显著；而在自愿性业绩承诺组，管理者过度自信与业绩承诺完成百分比之间的回归系数显著为负；在自愿性业绩承诺的情况下，管理者过度自信与业绩承诺完成百分比之间的负相关关系更加显著。

问题③关注了公司的外部治理特征之上市公司聘请的财务顾问的声誉高低对管理者过度自信与业绩承诺协议订立、业绩承诺增长率和业绩承诺完成百分比的关系产生的影响。研究发现，上市公司聘请的财务顾问的声誉较高时，管理者过度自信对业绩承诺协议签订、业绩承诺的增长率的负面影响均被显著削弱；高声誉的财务顾问更有效地降低了并购交易中的信息不透明的程度，公司决策更少受到管理者心理特征的影响，过度自信的管理者对待业绩承诺的态度发生了改变。但是，研究没有找到财务顾问声誉显著影响管理者过度自信与业绩承诺完成百分比关系的稳健证据，财务顾问声誉在业绩承诺执行阶段的治理效力较弱。

问题④研究进一步关注了公司的内部治理特征——股权制衡度对管理者过度自信与业绩承诺协议签订、业绩承诺增长率和业绩承诺完成百分比的关系产生的影响。研究发现，在上市公司的股权制衡度高低不同的情况下，管理者过度自信与业绩承诺协议签订、业绩承诺增长率和业绩承诺完成百分比的关系存在显著差异。股权制衡度较高的条件下，管理者过度自信对业绩承诺协议签订、业绩承诺的增长率及业绩承诺完成百分比均没有产生显著的影响;而股权制衡度较低的情况下,管理者过度自信与业绩承诺协议签订、业绩承诺的增长率及业绩承诺完成百分比显著负相关。上市公司的股权制衡可以作为一项有效的内部治理机制调节管理者过度自信与业绩承诺的关系。

第二节 研究启示

借助理论分析和实证检验,本书发现:①管理者过度自信的收购方签订业绩承诺协议的概率更小、业绩承诺增长率的水平更低,业绩承诺完成百分比也更低;②引入高声誉的财务顾问这一外部治理机制之后,过度自信管理者对待业绩承诺的态度发生了一定程度的变化,高声誉财务顾问有效削弱了管理者过度自信与业绩承诺协议签订、业绩承诺增长率之间的负相关关系,但没有能够显著改善管理者过度自信对业绩承诺完成百分比造成的负面影响;③上市公司的股权制衡度作为公司内部治理机制,对管理者过度自信与业绩承诺协议签订、业绩承诺增长率及业绩承诺完成百分比的关系有显著的调节作用,较高的股权制衡度对管理者过度自信造成的负面影响产生了积极的治理效果。

上述研究结果表明,管理者过度自信对业绩承诺协议的订立和完成均产生了负面影响;在业绩承诺协议订立阶段,高声誉的财务顾问对管理者过度自信有显著的治理效力;但在业绩承诺执行阶段,高声誉的财务顾问难以对管理者过度自信的负面影响形成有效制约;而股权制衡度在业绩承诺协议的订立和执行阶段均释放出了显著的治理效力。

一、收购方管理者过度自信问题的研究启示

(一)管理者过度自信的负面效应

过度自信的管理者对业绩承诺的需求更低,降低了收购方签订业绩承诺协议的可能和业绩承诺增长率的水平。不仅容易高估自身能力,过度自信的管理者在将自己与他人进行比较时也更易得出个人"优于平均"的结论。同时,过度自

信的管理者还对自己在未来事项的发生和发展方向上所做的判断过分肯定,容易陷入控制幻觉。上述因素的共同作用导致过度自信的管理者高估了自己在目标资产价值判断上的准确性,并且在目标资产未来盈利预测时高估收益、低估风险,过分乐观地估计了目标资产的盈利水平。由于业绩承诺需要以高昂的并购溢价作为交换,加上原本就对目标资产未来业绩表现充满信心,过度自信的管理者不愿意再通过额外付费的方式达成目标资产业绩承诺协议,过度自信的管理者更偏好降低业绩承诺协议的签约概率和业绩承诺增长率的水平。

管理者的过度自信拉低了业绩承诺的完成程度。管理人员在企业的经营活动中扮演着组织者和领导者的角色,这在很大程度上加重了管理者的"控制幻觉",导致他们过高估计了自己对事件结果的掌控程度,对自己为公司创造价值的能力有不切实际的乐观,并且在对目标资产的盈利水平进行估计时出现乐观性的偏差。这种认知偏差导致管理者可能降低在完成目标资产业绩承诺问题上的努力程度,或是对增加业绩承诺完成风险的决策缺乏足够的敏感性,给目标资产的价值创造造成了阻碍,最终导致了业绩承诺的完成百分比显著更低。

(二) 管理者过度自信负面效应的治理

消除过度自信这一认知偏差虽然极为困难,但可以通过建立有效的信息处理及反馈系统降低这一认知偏差对个人和组织决策的影响。充分有效的信息处理与反馈系统能够缓解由于环境复杂、资源限制、自身知识结构缺陷和人脑基本生物机能的约束等多重因素的共同作用而产生的个人认知视野受限问题,减轻心理特征因素对决策结果的影响力,管理者过度自信与其决策结果之间的关联程度得以降低。

借助聘用服务品质更有保证的高声誉财务顾问增进信息处理及反馈的效率。基于本书对不同的财务顾问声誉条件下管理者过度自信与业绩承诺协议签订、业绩承诺增长率关系变化的发现(财务顾问声誉较高时,管理者过度自信对业绩承诺协议签订、业绩承诺增长率未能产生显著影响;而财务顾问声誉较低的情况下,管理者过度自信与业绩承诺协议签订、业绩承诺增长率均呈显著的负相关关系),提高财务顾问的聘用标准,选择声誉更高的财务顾问以保证咨询服务信息输出的质量,从而更有效地帮助管理者降低决策过程中面临的信息不确定性。

管理者过度自信与并购重组业绩承诺问题研究

上市公司股权结构的安排显著影响到公司治理效率的高低，股权制衡被视为解决众多治理问题的重要手段，在管理者过度自信方面也能够充分发挥治理效率。股权制衡度越高，制衡股东监督管理者决策和行为的动机和能力就越强；过度自信管理者可能对业绩承诺协议的订立和执行产生不利影响时，制衡股东能够快速反应、及时采取措施限制管理者的行为。

提高上市公司股权制衡度以保证制衡股东对管理者决策和行为的监管强度。基于本书对不同的股权制衡度背景下管理者过度自信与业绩承诺协议订立、业绩承诺增长率及业绩承诺完成百分比关系变化的发现（上市公司股权制衡度较高时，管理者过度自信对业绩承诺协议签订、业绩承诺增长率及业绩承诺完成百分比的负面影响被削弱；而在上市公司股权制衡度较低的情况下，管理者过度自信与业绩承诺协议签订、业绩承诺增长率及业绩承诺完成百分比均显著负相关），提高上市公司股权制衡度，使其他大股东具备充分的制衡实力，从而更有效地限制过度自信管理者的过激行为可能产生的消极作用。

除采取上述以本书研究结果为基础的治理措施以外，也可尝试采用更为丰富的手段，从管理者个人层面、企业层面和法律法规制度层面寻找解决问题的突破口，限制管理者过度自信对公司的负面影响。

从管理者个人层面限制过度自信发生的概率或降低过度自信对公司决策的影响。管理者个人特征与过度自信问题的研究显示，性别、年龄、专业背景、执业经验和学习机会均可能对管理者是否过度自信以及过度自信管理者的决策结果产生影响。如女性高管一般相比于男性高管更加谨慎，可以通过增加公司女性高管的雇用比例降低管理层过度自信的概率。鉴于年龄更长的管理者相比于年轻管理者更加沉稳持重，具备目标资产所属行业的专业背景和丰富从业经验的管理者对目标资产价值和并购协同效应的估计更为稳健，在对管理者进行聘用和任务委派时注重对其进行年龄、专业背景、执业经验方面的审查，过滤过度自信管理者对相关决策的影响。考虑到反复的学习过程利于修正认知偏差、减少过度自信发生的可能性，可为管理者提供更多的学习机会，借助经验的分享与交流、专门的学习与培训、团队的建立与外部监督机构的增补，及时纠正管理者过度自信的认知偏差。

利用企业层面的治理机制限制过度自信的影响力大小。公司治理结构特征与过度自信问题的研究显示，董事会独立性水平、管理层权限设置、公司股权结构安排均可能影响到管理者过度自信负面效应的大小。①提升董事的独立性，充分保证董事会对管理者的监督效率，为管理者的决策设置更多的门槛和限制，减少过度自信管理者采取过于激进的经营策略的可能。②合理配置管理层权限，实现董事长与总经理的两职分离，改善过度自信管理者对待修正性反馈的态度，降低管理者机会主义行为发生的概率，减轻管理者的控制幻觉。

以法律法规为依托，提高管理者过度自信的行为成本。法律法规体系的健全程度和严苛程度对过度自信管理者的行为具有极强的警示作用。政府部门和监管机构应通过法律法规的强制约束限制过度自信的管理者发生行为偏差、损害投资者利益，加大惩治和处罚的力度，进一步提高管理者行为偏差的成本。

二、财务顾问声誉问题的研究启示

（一）财务顾问声誉的治理效应

在业绩承诺协议的订立阶段，财务顾问的声誉存在显著的治理效果。高声誉的财务顾问因为突出的专业技能而有能力提供更为出色的并购咨询服务，并且，高声誉的财务顾问还有很强的动机维护自己建立起来的声誉。上述两方面因素的共同作用导致高声誉的财务顾问在为收购方提供并购咨询服务的过程中输出了有充分质量保证的信息。因为受环境复杂、资源禀赋限制、知识结构缺陷和人脑生物机能约束而存在的认知视野受限的问题将在管理者接收到这些信息后，得到一定程度的缓解，管理者在决策过程中面临的信息不确定程度得以降低。以更完备的信息作为决策的基础，可以减少心理因素对管理者决策的影响，管理者过度自信与业绩承诺协议订立决策结果的关联程度也就被削弱了。

在业绩承诺协议的执行阶段，财务顾问声誉的治理效果发生了严重的损耗，不能对管理者过度自信的负面影响形成有效的约束。这可能与财务顾问的工作内容和角色定位有关。在业绩承诺协议的订立阶段，财务顾问受收购方委托提供咨询和建议，收购方处于主动寻求咨询和建议的地位，对财务顾问的服务足够重视并有更大的接受意愿。而在业绩承诺执行阶段，财务顾问的工作重心转向督促、检查和报告。收购方更多是处于被动接受督促和检查的地位，对财务顾问服务的接受带有更明显的迎合政策要求的意味。这将导致财务顾问及其声誉对收购方管理者的影响力大幅减弱。

（二）提升财务顾问声誉治理效力的建议

修订或出台相关法律法规，持续强化业绩承诺执行阶段财务顾问督导的能力。为财务顾问的持续督导工作设计专门的质量评价体系，并将持续督导工作在客户绩效改善上发挥的具体作用作为财务顾问奖励、处罚的重要参考标准，细分和完善后续追责工作机制，进一步明晰财务顾问的责权，提高财务顾问和客户对持续督导工作的重视程度。

政府部门和监管机构积极引导，充分培育财务顾问声誉体系，完善声誉信息数据库，建立声誉信息发布、声誉信息查询的共通共享等制度，充分放大声誉机制的激励效应。声誉常被视为一种隐性的激励机制，它的存在能够激励企业或组织主动提升产品或服务的品质，约束和限制自己的机会主义行为。政府部门和监管机构应积极引导财务顾问声誉体系的建立健全，帮助提供高质量咨询服务的财务顾问赢得更大的市场份额、获得更高的收入回报。

大力推进以公平、公正、公开、透明为原则的财务顾问专业评级工作，增强评级结果的公信力；积极配套健全与专业评级相关的奖惩制度。对声誉较高的财务顾问提供适度的政策便利，增大对低质量咨询顾问行为的打击力度，对违法违规财务顾问行为及时曝光、重点监控，设置关乎市场准入的行为警戒线，大幅提升财务顾问低质量服务的成本。

三、股权制衡问题的研究启示

（一）股权制衡机制的治理效应

上市公司的股权制衡机制对管理者过度自信在业绩承诺问题上产生的负面影响有显著的治理效果，较高的股权制衡度能够弱化管理者过度自信产生的消极作用。股权制衡度不仅代表了其他大股东制约控股股东权霸公司的能力，也能够体现出其他大股东在监管管理者决策及行为上的意愿和实力。股权制衡度越高，制衡股东对管理者的约束力越强。

在业绩承诺协议的订立阶段，上市公司较高的股权制衡度能够保证制衡股东对过度自信管理者的监管力度和监管效果，抑制过度自信的管理者对待业绩承诺协议订立、业绩承诺增长率设定问题上的冒险激进。过度自信的管理者在目标资产未来的盈利能力的预测上极易出现乐观性偏差，从而在接管目标资产时更可能采用过激的并购策略（如过度支付、盲目多元化等）。同时，由于业绩承诺需要付费购买，过度自信的管理者在对个人占有的知识、信息有极高的准确性定位的情况下，对签订业绩承诺协议、提高业绩承诺增长率的需求不高。但不签订业绩承诺补偿协议、过低地设定业绩承诺增长率可能使上市公司陷入过高的并购风险，威胁到上市公司的股东财富和公司价值的增长。上市公司的股权制衡度较高时，一旦制衡股东意识到自己的财富受损、危险过大，他们能够借助股权份额的影响改变过度自信管理者在业绩承诺协议签订时秉持的过于偏激的立场，最终有效抑制过度自信负面影响在业绩承诺协议订立、业绩承诺增长率确定等问题上蔓延。

在业绩承诺协议的执行阶段，上市公司较高的股权制衡度能够更有效地约束过度自信的管理者在资产的运营及管理、资源的开发及整合方面的过激行为，保障业绩承诺的完成质量。过度自信的管理者由于对个人能力的不当定位，在评估自身为公司创造价值的能力的过程中可能自视过高。另外，由于在公司中地位和职务安排的关系，管理者极易陷入"控制幻觉"。几方面的因素共同作用导致了过度自信的管理者在面对业绩承诺完成问题时可能丧失应有的警惕性，降低自己对待相关问题的努力和敬业程度，降低了完成业绩承诺的内在原动力。而且，过度自信的管理者表现出突出的频繁并购、过度投资、大力创新的特点，如果不以适当的机制加以约束和限制，很可能产生无谓的资源消耗，这对于业绩承诺的完成质量而言也有负面影响。在股权制衡度较高的情况下，制衡股东有充分的能力影响管理者的行为，一旦过度自信的管理者出现行为偏差，制衡股东可以及时发声，为业绩承诺的足额完成提供更有力的保障。

(二) 提升股权制衡机制治理效力的建议

提高制衡股东的持股比例。制衡股东想要有效牵制和约束管理者的决策和行为，必须以公司股权份额为基础的投票权作保障。制衡股东如果持股比例过低，其意愿显然难以得到管理者的响应。相关研究已经证实，制衡股东的持股比例提升了，制衡股东在公司治理问题上就拥有了更多的话语权，股权制衡效果将显著增强。如果管理者的行为对制衡股东的利益形成威胁，制衡股东可以利用手中的投票权对管理者行为进行否决，甚至可以在管理者的选聘、委任、晋升问题上适时发表意见，从而直接对管理者的决策和行为形成威慑，达到有效监管管理者的目的。

形成制衡股东与控股股东的性质差异。单纯的提升制衡股东的持股比例带来的效应可能是双重性的。过高的股权制衡度也可能使制衡股东加入控股股东和管理者的阵营，实现大股东与公司管理者的合谋，并不能有效地监管管理者的行为。相关研究显示，形成制衡股东和控股股东性质上的差异利于提升股权制衡机制的治理效应。保持股权性质上的差异利用的是不同身份的股东（控股股东和制衡股东）在利益偏好上可能存在的差异，而利益差异化是股权制衡机制发挥作用的根本。国有股东肩负有更多的社会责任和使命，保障税收、促进就业、维护社会稳定等问题的解决对其而言具有相当重要的战略意义。其他性质的股东则在积累财富、增加公司价值方面有更大的需求。另外，由于所有者缺位，国有股东在监督管理者问题上表现得不够积极；而其他性质的股东在监督管理者决策及行为上往往表现得更加主动。制衡股东与控股股东性质上的差异可以使双方在利益诉求、监管偏好上实现互补，从而提升股权制衡机制的治理效果。

第三节　研究创新、局限与展望

一、研究可能的创新点

本书可能的创新点有如下几个方面：

第一，创新了业绩承诺的研究方式，将业绩承诺区分为强制性与自愿性两大类别，为后续研究提供了新的研究方向。已有的文献并没有对业绩承诺进行类别的划分，不同类型业绩承诺的对比研究尚处于空白状态，而本文以法律法规的要求及并购交易双方意愿为基础提出了强制性与自愿性业绩承诺的概念，在探讨了管理者过度自信对业绩承诺协议订立和完成情况的影响的同时，对比分析了强制性业绩承诺与自愿性业绩承诺在业绩承诺增长率、完成百分比方面存在的差异，便于并购方、投资人、政府部门和监管机构更深入地认识业绩承诺相关问题。

第二，从心理学、行为学角度分析并证实了管理者过度自信对并购重组业绩承诺协议订立和执行产生的具体影响。目前的文献在对管理者过度自信与企业并购决策的关系进行分析时，更多关注的是并购频率、并购溢价、并购绩效等问题，鲜有涉及具体契约的订立和执行方面的问题。为管理者过度自信与业绩承诺协议的订立、业绩承诺增长率的设定和业绩承诺完成百分比的关系进行讨论和梳理提供了管理者过度自信影响企业契约订立与执行的经验证据，开拓了管理者过度自信研究的新领域。

第三，从中介机构和股权结构视角揭示了管理者过度自信与业绩承诺关系中存在的调节机制。原有研究在讨论财务顾问声誉对并购风险的治理效应时，主要分析了财务顾问声誉在降低信息不对称程度、弱化并购溢价风险、减小股东财富及公司价值损耗等方面发挥的作用，没有针对财务顾问声誉过滤业绩承诺风险的能力展开研究。本书讨论了财务顾问声誉的治理效力在业绩承诺协议订立和执行阶段的不同表现。股权制衡机制是否有利于提升公司治理效率这一话题直至今日仍存有争议，本书从股权制衡机制治理管理者过度自信给业绩承诺造成的负面影响的视角检验了这一制度设计的治理效率。

二、研究的局限

首先，由于目标方相关数据大多没有进行公开披露，导致某些涉及目标方问题的深入研究难以进行，难以提供更为翔实的证据支持。目前只能从上市公司发布的资产重组交易报告书中搜集到与目标资产相关的部分数据，目标方信息极为有限，数据披露的形式和内容没有完全统一的标准和要求，而并购完成后目标资产的数据获取更是极为困难。原始数据获取的困难给研究的深入造成了极大的阻碍。

其次，本书对管理者过度自信的定义没有突破西方定义模式的壁垒，没能更好地与我国的制度环境进行融合，这可能使计量的结果存在偏差。受制于数据可得性和样本容量大小的影响，本文对管理者过度自信的定义均以管理者的相对薪酬为基础，这种西化的定义模式没有考虑到我国特殊的制度环境，可能使本书研究结果的稳健性受到一定程度的影响。

最后，对内生性问题的处理比较简单，仅仅考虑了可能存在的互为因果的内生性问题以及样本自选择问题。本书采用了滞后一期数据的方式和 Heckman 两阶段回归模型的方式处理了研究中可能存在互为因果和样本自选择导致的内生性问题，没有使用更为丰富多样的办法来处理可能存在的其他内生性问题以获得更加稳健的实证结果。

三、未来展望

业绩承诺影响因素和经济后果的研究未来必然得到进一步的丰富和发展。本书以管理者过度自信为切入点的研究仅仅起到了抛砖引玉的作用，公司外部环境因素、政策背景、内部治理结构特征等均可能成为业绩承诺影响因素研究新的突破点，而公司收益与风险视角的经济后果分析也极有可能取得更多的进展。

强制性与自愿性业绩承诺的对比性研究。由于两类业绩承诺产生的原因存在显著的差异，这种差异将进一步影响到不同种类的业绩承诺在承诺水平、补偿方式等具体的协议条款安排上表现出不同的特点。两类承诺在完成质量上的差异、对公司绩效和风险的影响差异都是值得更深入地讨论和验证的问题。

业绩承诺的理论架构得到进一步丰富和完善。随着业绩承诺问题研究的细化和深入，通过不断地将西方并购理论与我国特殊经济环境和背景进行融合，业绩承诺理论体系的建立和日趋成熟将成为可能。

参考文献

[1] 陈德萍,陈永圣.股权集中度、股权制衡度与公司绩效关系研究——2007-2009年中小企业板块的实证检验[J].会计研究,2011(1):38-43.

[2] 陈耿,杜烽.控股大股东与定向增发价格:隧道效应、利益协同效应及其相互影响[J].南方经济,2012(6):32-43.

[3] 陈信元,汪辉.股东制衡与公司价值:模型及经验证据[J].数量经济技术经济研究,2004(11):102-110.

[4] 陈瑶,杨小娟.上市公司重大资产重组业绩补偿承诺研究[J].财会通讯,2016(18):42-46.

[5] 陈志军,徐鹏,白贵玉.动态竞争视角下上市公司股权制衡与绩效的关系研究[J].外国经济与管理,2014(11):3-11.

[6] 窦炜,方俊.我国上市公司并购支付方式与业绩承诺——基于2008-2014年沪深上市公司并购重组事件的分析[J].商业研究,2018(9):90-96.

[7] 方重,程杨,肖媛.并购重组业绩承诺的现况与监管[J].清华金融评论,2016(10):73-79.

[8] 关静怡,刘娥平.业绩承诺增长率、并购溢价与股价崩盘风险[J].证券市场导报,2019(2):35-44.

[9] 郝云宏,汪茜.混合所有制企业股权制衡机制研究——基于"鄂武商控制权之争"的案例解析[J].中国工业经济,2015(3):148-160.

[10] 胡国柳,周德建.股权制衡、管理者过度自信与企业投资过度的实证研究[J].商业经济与管理,2012(9):47-55.

[11] 黄小勇,王玥,刘娟.业绩补偿承诺与中小股东利益保护——以掌趣科技收购上游信息为例[J].江西社会科学,2018(6):48-57.

［12］简冠群，李秉祥，李浩．业绩补偿承诺、研发投入与定增并购价值创造［J］．现代财经，2019（4）：51－61．

［13］蒋薇薇，赵增耀，王喜．企业家过度自信、股权制衡与商业信用——来自中小板上市公司的经验证据［J］．商业研究，2015（6）：155－162．

［14］焦健，刘银国，刘想．股权制衡、董事会异质性与大股东掏空［J］．经济学动态，2017（8）：62－73．

［15］李建英，赵美凤，周欢欢．股权制衡、管理者过度自信与过度投资行为［J］．经济与管理评论，2017（4）：48－54．

［16］李琳，刘凤委，卢文彬．基于公司业绩波动性的股权制衡治理效应研究［J］．管理世界，2009（5）：145－151．

［17］李增泉，余谦，王晓坤．掏空、支持与并购重组——来自我国上市公司的经验证据［J］．经济研究，2005（1）：95－105．

［18］刘慧龙，陆勇，宋乐．大股东"隧道挖掘"：相互制衡还是竞争性合谋——基于"股权分置"背景下中国上市公司的经验研究［J］．中国会计评论，2009（1）：97－112．

［19］刘新民，郑润佳，王垒．机构投资者持股与股权制衡对央企效率的治理效应［J］．现代财经（天津财经大学学报），2016（10）：27－38．

［20］刘星，刘伟．监督，抑或共谋？——我国上市公司股权结构与公司价值的关系研究［J］．会计研究，2007（6）：68－75．

［21］吕长江，韩慧博．业绩补偿承诺、协同效应与并购收益分配［J］．审计与经济研究，2014（6）：3－13．

［22］吕怀立，李婉丽．控股股东自利行为选择与上市公司股权制衡关系研究——基于股权结构的内外生双重属性［J］．管理评论，2010（2）：19－28．

［23］潘爱玲，邱金龙，杨洋．业绩补偿承诺对标的企业的激励效应研究——来自中小板和创业板上市公司的实证检验［J］．会计研究，2017（3）：46－52．

［24］潘妙丽，张玮婷．上市公司并购重组资产评估相关问题研究［J］．证券市场导报，2017（9）：12－18．

［25］饶茜，侯席培．并购重组业绩承诺与上市公司经营业绩——基于业绩

承诺到期视角的分析 [J]. 商业研究, 2017 (4): 89-96.

[26] 饶艳超, 段良晓, 朱秀丽. 并购业绩承诺方式的激励效应研究 [J]. 外国经济与管理, 2018 (7): 73-83.

[27] 荣麟, 朱启贵. 业绩补偿承诺对收购方短期股价绩效影响的实证检验 [J]. 统计与决策, 2018 (13): 163-167.

[28] 阮素梅, 丁忠明, 刘银国, 杨善林. 股权制衡与公司价值创造能力"倒 U 型"假说检验——基于面板数据模型的实证 [J]. 中国管理科学, 2014 (2): 119-128.

[29] 沈华玉, 林永坚. 定向增发中利润承诺的市场反应及长期绩效研究 [J]. 证券市场导报, 2018 (1): 64-71.

[30] 孙铁, 武常岐. 企业并购中的风险控制: 专业咨询机构的作用 [J]. 南开管理评论, 2012 (4): 4-13.

[31] 涂国前, 刘峰. 制衡股东性质与制衡效果——来自中国民营化上市公司的经验证据 [J]. 管理世界, 2010 (11): 132-142.

[32] 汪茜, 郝云宏, 叶燕华. 多个大股东结构下第二大股东的制衡动因分析 [J]. 经济与管理研究, 2017 (4): 115-123.

[33] 王晓巍, 陈逢博. 创业板上市公司股权结构与企业价值 [J]. 管理科学, 2014 (6): 40-52.

[34] 王甄, 胡军. 控制权转让、产权性质与公司绩效 [J]. 经济研究, 2016 (4): 146-160.

[35] 吴世飞. 股权集中与第二类代理问题研究述评 [J]. 外国经济与管理, 2016 (1): 87-100.

[36] 谢纪刚, 张秋生. 上市公司控股合并中业绩承诺补偿的会计处理——基于五家公司的案例分析 [J]. 会计研究, 2016 (6): 15-20.

[37] 徐莉萍, 辛宇, 陈工孟. 股权集中度和股权制衡及其对公司经营绩效的影响 [J]. 经济研究, 2006 (1): 90-100.

[38] 杨志强, 曹鑫雨. 业绩补偿承诺提高混合所有制改革的协同效应吗?——基于国有上市公司重大并购重组的经验证据 [J]. 华东经济管理, 2017 (11): 166-176.

［39］于成永，于金金. 上市公司业绩承诺、公司治理质量与并购溢价［J］. 中国资产评估，2017（1）：39－44.

［40］余芳沁，薛祖云. 上市公司业绩补偿的会计处理［J］. 财务与会计，2015（3）：43－44.

［41］余明桂，夏新平，邹振松. 管理者过度自信与企业激进负债行为［J］. 管理世界，2006（8）：104－112.

［42］张光荣，曾勇. 股权制衡可以改善公司治理吗——基于公平与效率视角的实证检验［J］. 系统工程，2008（8）：71－79.

［43］张翼. 深市重大资产重组业绩承诺及商誉情况分析［J］. 证券市场导报，2017（11）：28－32.

［44］赵国宇，禹薇. 大股东股权制衡的公司治理效应——来自民营上市公司的证据［J］. 外国经济与管理，2018（11）：61－73.

［45］赵立新，姚又文. 对重组盈利预测补偿制度的运行分析及完善建议［J］. 证券市场导报，2014（4）：4－8.

［46］朱磊，韩雪，王春燕. 股权结构、管理者过度自信与企业创新绩效——来自中国A股高科技企业的经验证据［J］. 软科学，2016（12）：100－103.

［47］Andreou P. C., Doukas J. A., Koursaros D., et al. Valuation Effects of Overconfident CEOs on Corporate Diversification and Refocusing Decisions［J］. Journal of Banking & Finance，2019（100）：182－204.

［48］Alicke M. D., Yurak T. Personal Contact, Individuation, and the Better－Than－Average Effect［J］. Journal of Personality & Social Psychology，1995，68（5）：804－825.

［49］Akerlof G. A., Yellen J. L. Can Small Deviations from Rationality Make Significant Differences to Economic Equilibria?［J］. The American Economic Review，1985，75（4）：708－720.

［50］Barber B., Odean T. Boys Will Be Boys: Gender, Overconfidence, and Common Stock Investment［J］. Quarterly Journal of Economics，2001，116（1）：261－293.

［51］Banerjee S., Humphery－Jenner M., Nanda V. Restraining Overconfident

CEOs through Improved Governance: Evidence from the Sarbanes – oxley Act [J]. Review of Financial Studies, 2015, 28 (10): 2812 – 2858.

[52] Baron R. A. Psychological Perspectives on Entrepreneurship: Cognitive and Social Factors in Entrepreneurs' Success [J]. Current Directions in Psychological Science, 2000, 9 (1): 15 – 18.

[53] Baron R. A. Cognitive Mechanisms in Entrepreneurship: Why, and When Entrepreneurs Think Differently than Other People [J]. Journal of Business Venturing, 1998 (13): 275 – 294.

[54] Bennedsen M., Wolfenzon D. The Balance of Power in Closely Held Corporations [J]. Journal of Financial Economics, 2000, 58 (1 – 2): 113 – 139.

[55] Billett M. T., Qian Y. Are Overconfident CEOs Born or Made? Evidence of Self – Attribution Bias from Frequent Acquirers [J]. Management Science, 2008, 54 (6): 1037 – 1051.

[56] Brown R., Sarma N. CEO Overconfidence, CEO Dominance and Corporate Acquisitions [J]. Journal of Economics and Business, 2007, 59 (5): 358 – 379.

[57] Busenitz L. W., Barney J. B. Differences between Entrepreneurs and Managers in Large Organizations: Biases and Heuristics in Strategic Decision – Making [J]. Journal of Business Venturing, 1997 (12): 9 – 30.

[58] Camerer C. F., Loewenstein G. Behavioral Economics: Past, Present, Future [A] // Camerer C. F., G. Loewenstein and M. Rabin. Advances in Behavioral Economics [M]. New York: Princeton University Press, 2004: 3 – 51.

[59] Caputo A. Relevant Information, Personality Traits and Anchoring Effect [J]. International Journal of Management and Decision Making, 2014, 13 (1): 62 – 76.

[60] Burmeister K., Schade C. Are Entrepreneurs' Decisions More Biased? An Experimental Investigation of the Susceptibility to Status Quo Bias [J]. Journal of Business Venturing, 2007, 22 (3): 340 – 362.

[61] Chatterjee A., Hambrick D. C. It's All about Me: Narcissistic Chief Executive Officers and Their Effects on Company Strategy and Performance [J]. Admini-

strative Science Quarterly, 2007, 52 (3): 351 – 386.

［62］Claessens S. , Djankov S. , Lang L. H. P. The Separation of Ownership and Control in East Asian Corporations ［J］. Journal of Financial Economics, 2000, 58 (1 – 2): 81 – 112.

［63］Claessens S. , Djankov S. Ownership Concentration and Corporate Performance in the Czech Republic ［J］. Journal of Comparative Economics, 1999, 27 (3).

［64］Daniel K. D. , Hirshleifer D. , Subrahmanyam A. Investor Psychology and Security Market Under – and Overreactions ［J］. Journal of Finance, 1998, 53 (6): 1839 – 1885.

［65］De Bondt W. F. M. , Thaler R. Financial Decision – making in Markets and Firms: A Behavioral Perspective ［J］. Handbooks in Operations Research & Management Science, 1994 (9): 385 – 410.

［66］Dodd P. Merger Proposals, Management Discretion, and Stockholder Wealth ［J］. Journal of Financial Economics, 1980 (8): 105 – 138.

［67］Doukas J. , Petmezas D. Acquisitions, Overconfident Managers and Self – Attribution Bias ［J］. European Financial Management, 2007, 13 (3): 531 – 577.

［68］Dunning D. , Meyerowitz J. A. , Holzberg A. D. Ambiguity and Self – evaluation: The Role of Idiosyncratic Trait Definitions in Self – serving Assessments of Ability ［J］. Journal of Personality and Social Psychology, 1989, 57 (6): 1082 – 1090.

［69］Einhorn H. J. , Hogarth R. M. Behavioral Decision Theory: Processes of Judgment and Choice ［J］. Annual Review of Psychology, 1981 (32): 53 – 88.

［70］Faccio M. , Lang L. H. The Ultimate Ownership of Western European Corporations ［J］. Journal of Financial Economics, 2002, 65 (3): 365 – 395.

［71］Fama E. F. Agency Problems and the Theory of the Firm ［J］. Journal of Political Economy, 1980, 88 (2): 288 – 307.

［72］Fellner G. , Krügel S. Judgmental Overconfidence: Three Measures, One Bias? ［J］. Journal of Economic Psychology, 2012, 33 (1): 142 – 154.

［73］Ferris S. P. , Jayaraman N. , Sabherwal S. CEO Overconfidence and International Merger and Acquisition Activity ［J］. Journal of Financial and Quantitative

Analysis, 2013, 48 (1): 137 – 164.

[74] Flanagan D. J., O'Shaughnessy K. C. Core – Related Acquisitions, Multiple Bidders and Tender Offer Premiums [J]. Journal of Business Research, 2003, 56 (8): 573 – 585.

[75] Gervais S., Odean T. Learning to Be Overconfident [J]. Review of Financial Studies, 2001, 14 (1): 1 – 27.

[76] Gervais S., Heaton J., Odean T. Overconfidence, Compensation Contracts, and Capital Budgeting [J]. The Journal of Finance, 2011, 66 (5): 1735 – 1777.

[77] Gilbert D., McNulty S., Giuliano T., et al. Blurry Words and Fuzzy Deeds: The Attribution of Obscure Behavior [J]. Journal of Personality and Social Psychology, 1992, 62 (1): 18 – 25.

[78] Gloede O., Menkhoff L. Financial Professionals' Overconfidence: Is It Experience, Function, or Attitude? [J]. European Financial Management, 2014, 20 (2): 236 – 269.

[79] Graham M., Walter T. S., Yawson A., et al. The Value – added Role of Industry Specialist Advisors in M&As [J]. Journal of Banking & Finance, 2017 (81): 81 – 104.

[80] Griffn D. W., Varey C. A. Towards a Consensus on Overconfidence [J]. Organizational Behavior and Human Decision Processes, 1996, 65 (3): 227 – 231.

[81] Goel A. M., Thakor A. V. Overconfidence, CEO Selection and Corporate Governance [J]. The Journal of Finance, 2008 (63): 2737 – 2784.

[82] Goergen M., Renneboog L. Shareholder Wealth Effects of European Domestic and Cross – border Takeover Bids [J]. European Financial Management, 2004, 10 (1): 9 – 45.

[83] Gomes A., Novaes W. Sharing of Control Versus Monitoring as Corporate Governance Mechanisms [R]. Working Paper, 2006.

[84] Hambrick D. C., Mason P. A. Upper Echelons: The Organization as a Reflection of Its Top Managers [J]. Academy of Management Review, 1984, 9 (2): 193 – 206.

［85］Hambrick D. C. Upper Echelons Theory: An Update［J］. Academy of Management Review, 2007, 32（2）: 334 – 343.

［86］Hayward M., Hambrick D. Explaining the Premiums Paid for Large Acquisitions: Evidence of CEO Hubris［J］. Administrative Science Quarterly, 1997, 42（1）: 103 – 127.

［87］Harvey N. Relations between Confidence and Skilled Performance［A］//Wright G. and R. Ayton. Subjective Probability［M］. New York: Wiley, 1994: 321 – 351.

［88］Heaton J. B. Managerial Optimism and Corporate Finance［J］. Financial Management, 2002, 31（2）: 33 – 45.

［89］Hilary G., Hsu C. Endogenous Overconfidence in Managerial Forecasts［J］. Journal of Accounting and Economics, 2011, 51（3）: 300 – 313.

［90］Holmström B. Managerial Incentive Problems: A Dynamic Perspective［J］. Review of Economic Studies, 1999, 66（1）: 169 – 182.

［91］Hunter W. C., Jagtiani J. An Analysis of Advisor Choice, Fees, and Effort in Mergers and Acquisitions［J］. Review of Financial Economics, 2004, 12（1）: 65 – 81.

［92］Jayati S., Subrata S. Large Shareholder Activism in Corporate Governance in Developing Countries: Evidence from India［J］. International Review of Finance, 2000（3）: 161 – 194.

［93］Jensen M. C., Meckling W. H. Theory of the Firm: Managerial Behavior, Agency Costs and Capital Structure［J］. Journal of Financial Economics, 1976, 3（4）: 305 – 360.

［94］Johnson S., Porta R. L., Shleifer A. Tunneling［J］. American Economic Review, 2000, 90（2）: 22 – 27.

［95］Kahneman D., Tversky A. The Psychology of Preferences［J］. Scientific America, 1982（246）: 160 – 173.

［96］Kahneman D., Slovic P., Tversky A. Judgment under Uncertainty: Heuristics and Biases［M］. Cambridge: Cambridge University Press, 1982.

［97］Kumar S., Goyal N. Behavioral Biases in Investment Decision Making—A

Systematic Literature Review [J]. Qualitative Research in Financial Markets, 2015, 7 (1): 88 - 108.

[98] Laeven L., Levine R. Complex Ownership Structures and Corporate Valuations [J]. Review of Financial Studies, 2008, 21 (2): 579 - 604.

[99] Landier A., Thesmar D. Financial Contracting with Optimistic Entrepreneurs: Theory and Evidence [J]. Review of Financial Studies, 2009, 22 (1): 137 - 150.

[100] Langer E. J. The Illusion of Control [J]. Journal of Personality and Social Psychology, 1975 (32): 311 - 328.

[101] Larrick R. P., Burson K. A., Soll J. B. Social Comparison and Confidence: When Thinking You're Better than Average Predicts Overconfidence (and When It does not) [J]. Organizational Behavior and Human Decision Processes, 2007, 102 (1): 76 - 94.

[102] La Porta R., Lopez - De - Silanes F., Shleifer R. A. Corporate Ownership around the World [J]. Journal of Finance, 1999, 54 (2): 471 - 517.

[103] Larwood L., Whittaker W. Managerial Myopia: Self - serving Biases in Organizational Planning [J]. Journal of Applied Psychology, 1977 (62): 194 - 198.

[104] Lazear E. P., Rosen S. Rank - order Tournaments as Optimum Labor Contracts [J]. Journal of Political Economy, 1981, 89 (5): 841 - 864.

[105] Lee J. M., Hwang B., Chen H. Are Founder CEOs More Overconfident than Professional CEOs? Evidence from S&P 1500 Companies [J]. Strategic Management Journal, 2017, 38 (3): 751 - 769.

[106] Lemmon M. L., Lins K. V. Ownership Structure, Corporate Governance, and Firm Value: Evidence from the East Asian Financial Crisis [J]. The Journal of Finance, 2003, 58 (4): 1445 - 1468.

[107] Lin Y., Hu S., Chen M. Testing Pecking Order Prediction from the Viewpoint of Managerial Optimism: Some Empirical Evidence from Taiwan [J]. Pacific - Basin Finance Journal, 2008, 16 (1 - 2): 160 - 181.

[108] Lovallo D., Kahneman D. Delusions of Success: How Optimism Undermines Executives' Decisions [J]. Harvard Business Review, 2003, 81 (7): 56 - 63.

[109] Ludwig S. , Nafziger J. Beliefs about Overconfidence [J]. Theory and Decision, 2011, 70 (4): 475 – 500.

[110] Mahajan J. The Overconfidence Effect in Marketing Management Predictions [J]. Journal of Marketing Research, 1992 (29): 329 – 342.

[111] Malmendier U. , Tate G. CEO Overconfidence and Corporate Investment [J]. The Journal of Finance, 2005, 60 (6): 2661 – 2700.

[112] Malmendier U. , Tate G. Who Makes Acquisitions? CEO Overconfidence and the Market's Reaction [J]. Journal of Financial Economics, 2008, 89 (1): 20 – 43.

[113] Mandelker G. Risk and Return: The Case of Merging Firms [J]. Journal of Financial Economics, 1974 (4): 303 – 335.

[114] Martynova M. , Renneboog L. The Performance of the European Market for Corporate Control: Evidence from the Fifth Takeover Wave [J]. European Financial Management, 2011 (17): 208 – 259.

[115] Maury B. , Pajuste A. Multiple Large Shareholders and Firm Value [J]. Journal of Banking & Finance, 2005, 29 (7): 1813 – 1834.

[116] Meikle N. L. , Tenney E. R. , Moore D. A. Overconfidence at Work: Does Overconfidence Survive the Checks and Balances of Organizational Life? [J]. Research on Organizational Behavior, 2016 (46): 137 – 159.

[117] Merkle C. , Weber M. True Overconfidence: The Inability of Rational Information Processing to Account for Apparent Overconfidence [J]. Organizational Behavior and Human Decision Processes, 2011, 116 (2): 262 – 271.

[118] Moeller S. B. , Schilingemann F. P. , Stulz R. M. Firm Size and the Gains from Acquisitions [J]. Journal of Financial Economics, 2004, 73 (2): 201 – 208.

[119] Moore D. A. , Small D. A. Error and Bias in Comparative Judgment: On Being Both Better and Worse than We Think We Are [J]. Journal of Personality and Social Psychology, 2007, 92 (6): 972 – 989.

[120] Moore D. A. , Healy P. J. The Trouble with Overconfidence [J]. Psychological Review, 2008, 115 (2): 502 – 517.

[121] Mueller D. C. , Sirower M. L. The Causes of Mergers: Tests Based on the

Gains to Acquiring Firms' Shareholders and the Size of Premia [J]. Managerial & Decision Economics, 2003, 24 (5): 373 –391.

[122] Oaksford M., Morris F., Williams M. Mood, Reasoning, and Central Executive Processes [J]. Journal of Experimental Psychology: Learning, Memory, and Cognition, 1996, 22 (2): 476 –492.

[123] Pagano M., Röell A. The Choice of Stock Ownership Structure: Agency Costs, Monitoring, and the Decision to Go Public [J]. The Quarterly Journal of Economics, 1998, 113 (1): 187 –225.

[124] Pompian M. Behavioral Finance and Wealth Management: How to Build Optimal Portfolios that Account for Investor Biases [M]. New York: Wiley, 2012: 667.

[125] Porrini P. Are Investment Bankers Good for Acquisition Premiums? [J]. Journal of Business Research, 2006, 59 (1): 90 –99.

[126] Porta R. L., Shleifer A. Corporate Ownership around the World [J]. Journal of Finance, 1999, 54 (2): 471 –517.

[127] Rajan R., Zingales L. The Great Reversals: The Politics of Financial Development in the 20th Century [J]. Journal of Financial Economics, 2003, 69 (1): 5 –50.

[128] Rhodes K. M., Robinson D. T. Valuation Waves and Merger Activity: The Empirical Evidence [J]. Journal of Financial Economics, 2005 (77): 561 –603.

[129] Roll R. The Hubris Hypothesis of Corporate Takeovers [J]. The Journal of Business, 1986, 59 (2): 197 –216.

[130] Russo J. E., Schoemaker P. J. Managing Overconfidence [J]. Sloan Management Review, 1992, 33 (2): 7 –17.

[131] Sarkar J., Sarkar S. Large Shareholder Activism in Corporate Governance in Developing Countries: Evidence from India [J]. International Review of Finance, 2000, 1 (3): 161 –194.

[132] Seo K., Sharma A. CEO Overconfidence and the Effects of Equity – Based Compensation on Strategic Risk – taking in the U. S. Restaurant Industry [J]. Journal of Hospitality & Tourism Research, 2018, 42 (2): 224 –259.

[133] Shleifer A., Vishny R. W. Large Shareholders and Corporate Control [J]. Journal of Political Economy, 1986, 94 (3): 461 – 488.

[134] Shleifer A., Vishny R. W. A Survey of Corporate Governance [J]. The Journal of Corporate Governance, 1997, 52 (2): 737 – 783.

[135] Simon H. A. A Behavioral Model of Rational Choice [J]. The Quarterly Journal of Economics, 1955, 69 (1): 99 – 118.

[136] Song W., Wei J., Zhou L. The Value of "Boutique" Financial Advisors in Mergers and Acquisitions [J]. Journal of Corporate Finance, 2013 (20): 94 – 114.

[137] Svenson O. Are We All Less Risky and More Skillful Than Our Fellow Drivers? [J]. Acta Psychologica, 1981 (47): 143 – 148.

[138] Taylor S. E., Brown J. D. Illusion and Well – being: A Social Psychological Perspective on Mental Health [J]. Psychological Bulletin, 1988 (103): 193 – 210.

[139] Tversky A., Kahneman D. Judgment under Uncertainty: Heuristics and Biases [J]. Science, 1974 (185): 1124 – 1131.

[140] Varaiya N. P., Ferris K. R. Overpaying in Corporate Takeovers: The Winner's Curse [J]. Financial Analysts Journal, 1987, 43 (3): 64 – 70.

[141] Wang D., Sutherland D., Ning L., et al. Exploring the Influence of Political Connections and Managerial Overconfidence on R&D Intensity in China's Large – scale Private Sector Firms [J]. Technovation, 2018 (69): 40 – 53.

[142] Wang Y., Chen C. R., Chen L., et al. Overinvestment, Inflation Uncertainty, and Managerial Overconfidence: Firm Level Analysis of Chinese Corporations [J]. The North American Journal of Economics and Finance, 2016 (38): 54 – 69.

[143] Weinstein N. D. Unrealistic Optimism about Future Life Events [J]. Journal of Personality and Social Psychology, 1980, 39 (5): 806 – 820.

[144] Wruck K. H. Equity Ownership Concentration and Firm Value: Evidence from Private Equity Financings [J]. Journal of Business Valuation & Economic Loss Analysis, 2014, 23 (4): 3 – 28.